ICONOCLASTES

Collection dirigée par
Alain Laurent
et Pierre Lemieux

LA PESTE VERTE

Du même auteur

« La Monnaie », *Précis Dalloz*, 1986, avec H. Guitton.

« Economie Politique, tome II », *Précis Dalloz*, 1985 avec H. Guitton.

« Analyse du déséquilibre », *Economica*, 1981, (sous la direction de), avec J. P. Giran.

GÉRARD
BRAMOULLÉ

LA PESTE
VERTE

Les Belles Lettres
1991

ISBN : 2-251-39005-2

Pareille à une moisissure, la verdissure nous envahit. Elle s'immisce partout, pour stimuler les ventes comme les votes. On ne compte plus les nouvelles lignes de produits, ni les nouvelles lignes de partis, sans oublier les lignes téléphoniques, qui se repeignent en vert. Si l'absinthe n'était pas interdite, quel succès n'aurait-elle pas ! Garçon ?... une « verte » s'il vous plaît... Mais s'il est incontestable qu'aujourd'hui le vert « positive », il est non moins incontestable que cette couleur porte en elle des charges négatives que les agences de publicité pourraient un jour utiliser. Les lignes vertes des crèmes de beauté ne peuvent pas maquiller le teint verdâtre des cadavres ; la couleur de l'espoir est aussi celle de la peur ; la délicatesse des lessives sans phosphates n'empêche pas la grossièreté de l'argot ; un Plan mûri peut avoir le goût des raisins de la fable. Pour ne pas être pris au dépourvu (sans vert) par cette intrusion sémantique, il est temps d'adresser à nos envahisseurs (les Verts), la volée de bois (vert) qu'ils méritent. Eux aussi paraissent trop souvent atteints de vertigo, cette maladie propre à la plus noble conquête de l'homme, une méningo-encéphalite provoquant des mouvements désordonnés.

L'invasion des petits hommes verts était attendue d'ailleurs, mais ils sont pourtant bien de chez nous. Leur forme de pastèque ne doit pas tromper : verts à l'extérieur, ils sont rouges et noirs à l'intérieur. Ils n'ont pas d'habitat privilégié et se répandent *urbi et orbi* : dans les hebdos comme dans la B.D., dans les salons comme dans les laboratoires, à gauche comme à droite. Ils touchent à tout : à l'eau comme à l'air, à l'agriculture comme à la voiture, aux déchets comme aux valeurs. Et surtout à notre liberté. Il s'agit d'une véritable marée verte ou, pour reprendre un terme qui leur est cher, d'une « eutrophisation » du monde qui, si l'on n'y prend garde, finira par nous étouffer.

La chose est récente, mais la cause a été préparée de longue date par les premiers moines-missionnaires de l'écologie. Rachel Carson aux États-Unis (*Le printemps silencieux*, 1961) ou René Dumont en France (candidat écologiste aux présidentielles de 1974) figurent parmi les pionniers de ces nouveaux écolâtres du deuxième millénaire. Quoi qu'en pensent leurs fidèles, ce n'est pas avec eux que commence l'histoire des problèmes d'environnement. Un Buffon ou un Pasteur ont, par exemple, des titres d'antériorité autrement plus importants. Mais c'est avec eux que l'apocope d'écologiste se teinte de sectarisme, et que l'aphérèse d'écologie se charge des connotations fantaisistes de celles d'astrologie, de numérologie et autre chirologie. Un « écolo » de plus en plus sectaire, et une « logie » de plus en plus fantaisiste, tel est le drame de l'évolution du concept d'écologie. D'origine allemande (déjà !) et initialement (1874) définie comme l'étude scientifique des rapports des êtres vivants avec leur milieu naturel, l'écologie est devenue affaire de sentiments, de croyances et de convictions. L'écolo n'est plus un scientifique, mais un adepte. Chez ces gens-là, on ne réfléchit pas, on adhère, et l'on sait depuis Paul Valéry que l'adhésion est le point commun des éponges et des sots. Où la sottise devient gênante, c'est avec la précision du « sentiment écologique ». Plus qu'un homme qui aime la nature, l'écolo aimerait une nature sans homme. L'idéologie de la conservation se double alors d'une idéologie de l'exclusion, et l'ensemble justifie le superbe cri d'exaspération d'un Pauwels : « la barbe, je suis la nature ! ». De gênante, la sottise devient franchement insupportable, lorsque le prosélytisme s'en mêle. L'écolo militant achève la métamorphose de l'écologie en écologisme. Ce militant côtoie parfois le manifestant qui défend son droit de propriété contre des expropriations iniques faites au nom d'un prétendu intérêt général. Mais il ne doit pas être confondu avec lui. Celui-ci est un individu qui se veut libre, quand celui-là veut porter atteinte aux libertés individuelles. Au nom d'une doctrine protectionniste. Non content de croire qu'il peut figer la nature des choses, ce qui est une première façon de nier la réalité, l'écolo en ajoute une seconde en réduisant le réel au projet qu'il cherche à imposer. Avec lui, l'utopie est en marche, et il faut reconnaître qu'elle avance vite.

De prêchi en prêcha, d'effets chocs (pollutions) en effets chics (lamentations), le message devient massage. Et cela d'autant mieux qu'il est relayé par les chantres des bons sentiments humanitaires et de la bonne conscience planétaire. Troubadours écologiques, à l'image de Georges Moustaki ou de ce charmant Yves Dutheil qui, de père attendrissant est devenu maire attendrisseur ; mais aussi agents d'influence tel l'hebdomadaire américain *Time* qui consacra sa couverture sur l'homme de l'année (1989) à... la planète Terre ! Aidée par la complaisance et la puissance de la médiacratie, la verdissure n'en finit pas de croître. Elle trouve même des mercenaires parmi les divers spécialistes des Sciences Naturelles. Des chimistes, des géographes et des physiciens se mettent au service de la cause pour renforcer la crédibilité apparente du dogme écologiste. Avec une cuistrerie qui n'a d'égale que leur scolastique. Ainsi, l'écologie se fait mouvement, et le mouvement ecolo se fait des électeurs, et donc des politiciens. Il ne lui manquait qu'une philosophie explicite pour être un « ...isme » à part entière.

C'est chose faite avec le dernier ouvrage de Michel Serres, *Le Contrat naturel*[1].

Voilà un ouvrage exemplaire du dogme et de ses composantes. Sibyllin, comme les oracles antiques auxquels il ressemble encore par ses prophéties destructrices, sa forme est obscure et exige souvent d'aller à la recherche du sens perdu. La difficulté de la forme aurait-elle pour fonction de cacher la duplicité du fond ? Car l'auteur avance masqué. Masque des mots : derrière un titre « contractualiste », en forme de clin d'œil aux tenants du Droit Naturel, est proposé en fait un concentré d'idéologie totalitaire. Une tentative de recyclage d'idées rejetées par l'Histoire. Le détournement de sens est constant, où des mots empruntés à la logique de la liberté sont vidés de leur contenu pour servir de coquilles à la distillation d'un conformisme collectiviste. Contrat, Science, Droit, Échange, sont ainsi torturés pour leur faire avouer l'indicible.

1. François Bourin Éditeur, 1990.

Masque des maux aussi : la réalité est déformée pour mieux justifier des mesures coercitives, un « constructivisme » prométhéen attentatoire aux droits fondamentaux des individus. Les rapports de l'homme à la nature sont dramatisés, assimilés à une « guerre totale »! Ce catastrophisme tactique permet de dégager de faux enjeux pour mieux nous engager dans de fausses solutions. Des maux imaginaires pour des mots imaginés. Ou plutôt des mots rabâchés, car les solutions proposées sont bien connues : le tout politique et la création d'un homme nouveau (mais oui!). Revoilà Pol Pot déguisé en éco-philosophe, le retour du lavage de cerveau comme technique d'« élevage du petit d'homme », et des propositions de lifting pour une FEN plus verte. Masque des sentiments enfin : Drapé dans un néo-romantisme naturaliste qui renforce la vision tragique de la vie, Michel Serres distille un anti-humanisme viscéral.

Mises au ban les sciences sociales, sans doute, punies de n'être plus soumises au socialisme scientifique. Remises à Pan, Dieu de la nature, en offrande expiatoire, les victimes des séismes californiens. Avec en sus, une joie sadique de voir la déesse Terre se venger. Religiosité détournée, écolâtrie sacrificielle terminent en apothéose ce bal masqué des constructivistes « baba-cool ». De quoi vous rendre écoloclaste à vie!

Sur de telles bases, l'écologie n'est qu'une remise en forme, pour un retour en force, des débris d'une idéologie démentie. Déstabilisée par l'Histoire, cette idéologie politico-bureaucratique fait désormais appel à la Géographie pour perdurer. Les hommes de l'État ne s'y sont pas trompés. Ils ont vite compris le parti qu'ils pouvaient tirer de la verdissure : une nouvelle justification de leur parasitisme pour les bureaucrates, un nouvel argument permettant aux technocrates de continuer à décider ce qui est bien pour nous, sans nous demander notre avis, une nouvelle opportunité de récupérer des voix pour les politiciens. Pour les uns, comme pour les autres, l'occasion était trop belle de détourner l'attention de leur incapacité à gérer l'imprévisible, en affirmant leur volonté de maîtriser l'hypothétique. Et ils ne l'ont pas manquée. Après l'économie dirigée, voilà l'écologie administrée. Le palmarès des hommes de l'État est à cet égard éloquent : Bruxelles et son eurocratie, chargés de mettre en place le grand marché, n'hésitent pas à lancer l'année de l'environnement (1987) ; après des ministères de l'économie ou de l'industrie, les États-nations créent de véritables ministères de l'écologie ; les Plans verts succèdent aux Plans de développement économique et social, etc. « L'ardente obligation » se recycle. Mais, si son centre de gravité se déplace du développement à l'environnement, sa logique profonde reste la même, et ses résultats n'ont aucune raison d'être moins mauvais. Cette logique ne laisse pas d'autre choix que l'obéissance ou la punition. Il est quand même paradoxal que les hommes de l'État acceptent qu'un individu soit qualifié pour élire un Président, tout en le considérant par ailleurs comme un incapable devant être mis sous tutelle.

Moins surprenant, en tout cas pour ceux qui connaissent leur nature profonde, est l'aspect consensuel du verdissement des hommes de l'État. Au delà de leurs divisions apparentes, ils se retrouvent ensemble sous l'uniforme vert. Au *cheek to cheek*, presque congénital, de la « génération Mitterrand » et de la « génération Écologie », répond le racolage impudent d'un leader de l'opposition dénonçant « la manœuvre [...] cherchant à discréditer l'attitude des écologistes intégristes ». A la magistrature ministérielle d'un Brice Lalonde, fait écho la littérature conventionnelle d'un Michel

Barnier. Celui des deux qui approuve le Club de Rome, défend la planification et déclare la planète en danger, n'est pas toujours celui que l'on pourrait croire. Une illustration encore plus significative de la réalité de ce consensus a été donnée par le débat d'orientation sur l'environnement qui s'est déroulé à l'Assemblée Nationale (octobre 1990). Avec délectation, *Le Monde* a pu titrer sans mentir : « Le plan de M. Lalonde pour l'environnement est bien accueilli par l'opposition ». Rares sont ceux qui, à l'instar du député de la Vendée, ont su trouver les accents de la liberté pour dénoncer les mirages de l'écologie d'État. Il est vrai que les Vendéens connaissent bien les ravages de la tyrannie républicaine : ils ont payé le prix du sang pour apprendre à se méfier des couleurs de la « volonté générale », qu'elle soit bleue ou verte. Mais pour une réticence, combien de connivences ? Celles-ci tissent un véritable complexe écolo-étatiste sans doute plus réel que le complexe militaro-industriel des années soixante. Fondé sur l'imposture, il se développe par l'anathème et conduit à l'oppression.

I. L'IMPOSTURE

Au baromètre de la sympathie fabriquée, les Verts ont supplanté les routiers. Plus de 60 % des Français leur accordent désormais une tendre affection. Et si nos concitoyens ne sont encore que 7 % à être certains de leur accorder leur voix à une élection nationale, ils sont déjà une majorité à considérer comme probable un vote vert à une élection locale. Encore un peu plus de complaisance et, demain, Brice Lalonde, Antoine Waechter, ou l'un des leurs, pourront prétendre accéder à la magistrature suprême. Avec la même complaisance, nos voisins d'Outre-Rhin avaient ainsi porté légalement Hitler au pouvoir. Abusif? simplement allusif. Non qu'Hitler fut végétarien, mais par la similitude des méthodes employées pour se faire accepter. A *Mein Kampf* fait écho *Mes Combats*, la dernière livraison de René Dumont. Comme les brigades rouges, les brigades vertes progressent sur le même fumier que les chemises brunes. Un compost banal pour un complot légal : une avant-garde militante (SA, bolchevicks ou écolos) réveille une angoisse collective (chômage, aliénation ou destruction) en s'appuyant sur un discours apparemment scientifique (la race, la classe ou la crasse), puissamment relayé par des faiseurs d'opinion (propaganda-staffel, « étincelle », « pravda » et autres médias convertis). Au bout du chemin, l'enfermement et la création de zones de concentration... des atteintes aux droits de l'homme (stalag, goulag ou parcage). Que l'un des leviers soit trop faible, ou que l'impatience soit trop forte, et la légalité populaire cède la place à la légitimité révolutionnaire, comme ce fut le cas pour les communistes.

Les écologistes n'auront sans doute pas besoin de recourir à cette extrémité, car il ne leur manque rien. Mieux, leur action est facilitée par la nature même des problèmes d'environnement favorable à l'usage des techniques de manipulation des individus. Ces problèmes sont en effet le plus souvent émotionnellement denses et scientifiquement complexes.

Le cas des incendies de forêts est à cet égard exemplaire. Difficile de faire plus émouvant et plus embrouillé. Déjà, l'arbre et le feu sont en eux-mêmes, et depuis la nuit des temps, chargés de symboles affectifs opposés. L'arbre de vie ou le feu de l'enfer, le chêne de saint Louis ou l'arbitraire de l'ordalie, l'arbre de la liberté ou le bûcher de l'Inquisition... jusqu'aux logos politiques opposant l'arbre barriste à la flamme lepéniste! Dès lors la destruction du premier par le second est ressentie comme la destruction du Bien par le Mal. Le cumul de la perte de l'un et de l'action de l'autre engendre un effet de résonance passionnel, aggravé par le choc visuel du feu dévorant ou de la désolation d'un paysage calciné. La peur frappe l'imagination des populations et se transforme en colère, surtout lorsque l'incendie éclate aux portes des villes et qu'il entraîne morts d'hommes. L'émotion emporte alors l'analyse, et l'appel au lynchage suit de près l'appel des pompiers. Peu de gens arrivent à garder la tête froide, lorsqu'on évoque ce véritable cataclysme. Faites un test, et posez autour de vous les questions suivantes. Quelle est l'origine des incendies de forêts ? l'acte criminel sera la première réponse ; la forêt brûle-t-elle plus ou moins que par le passé ? le plus l'emportera comme une évidence ; faut-il accroître le nombre de Canadairs ? le oui sera écrasant, à la mesure de l'apparente incongruité de la question. Ces réponses seront d'autant plus vives et péremptoires que les éléments de connaissance sont difficiles à ordonner. Il semble bien que la négligence porte une responsabilité plus grande que la malveillance : officiellement, 15 % des feux de forêts sont imputables à des actes criminels. Mais il ne s'agit que des feux dont la cause a pu être déterminée... De même, l'idée qu'autrefois la forêt brûlait moins est sans doute une idée fausse. Dans un article « incendiaire », Marcel Faure, bien que vice-président de l'Union Régionale de la Vie, de la Nature et de l'Environnement (URVNE), rappelle par exemple que la forêt méditerranéenne a toujours brûlé. Et que, dans le département du Var, il a brûlé au cours des vingt dernières années une moyenne de 2 500 hectares par an, pour 9 000 entre 1950 et 1970, et plus de 10 000 dans l'entre-deux guerres, comme au 19e siècle. Mais que valent ces moyennes, au regard des derniers chiffres du bilan global des feux de forêts en France : 5 200 hectares en 1988, pour presque 57 000 en

1989 et plus de 70 000 en 1990! Mieux, malgré les incendies, la forêt méditerranéenne serait en constante extension! Il est vrai que les statistiques de l'inventaire forestier de Montpellier, réalisées depuis vingt ans à partir de photographies aériennes, montrent que sa superficie augmente chaque année de 1 %. A cause de (ou grâce à) l'exode rural et... la multiplication des friches agricoles! A l'évidence, cette nouvelle forêt faite de garrigues boisées et de maquis n'est pas comparable aux grandes futaies dévastées par le feu... mais elle est jeune, vigoureuse et comprend des essences qui se faisaient rares. Quant aux Canadairs, laissons parler Haroun Tazieff, ancien ministre des risques majeurs et des catastrophes naturelles, spécialiste du feu (de Vulcain): « Quand un incendie a éclaté, on ne peut pas l'arrêter, tout comme on ne peut arrêter la pluie ou le vent lorsqu'il se met à souffler. Déverser des tonnes d'eau sur le feu, c'est un peu comme si un enfant faisait pipi. L'achat de plus en plus de matériel coûteux ne contribue qu'à enrichir le lobby du feu. » Sans être spécialiste, il suffit d'avoir vécu le combat contre le feu pour savoir qu'après une période de sécheresse, lorsque le mistral se déchaîne, aucune intervention ne peut arrêter les flammes. Cependant, il est aussi vrai que les Canadairs ne se limitent pas à soutenir le moral des troupes. Leur apport est notamment déterminant pour empêcher le feu de franchir un obstacle, naturel ou non, qui serait à lui seul un barrage insuffisant. Démêler le vrai du faux n'est ainsi pas chose aisée, tant la subtilité des nuances confine à l'obscurité du doute.

Avec une habileté consommée, les écologistes ont su tirer parti de ces deux caractéristiques des problèmes d'environnement : la complexité scientifique et la densité émotionnelle. Utilisant celle-là pour accroître celle-ci, ils ont dramatisé les situations afin de mieux imposer leurs solutions. L'imposture est manifeste, et les exemples abondent d'une utilisation partielle de la science en vue d'une appréciation partiale de la réalité. Quelques-uns, parmi les plus ancrés dans l'opinion, méritent que l'on s'y arrête.

L'effet de serre et la couche d'ozone. Le problème viendrait d'un réchauffement de l'atmosphère terrestre qui serait dû à la fois à l'accroissement du gaz carbonique et à la réduction de la couche stratosphérique d'ozone, protectrice des rayons solaires. Le premier aurait pour cause principale la déforestation, notamment amazonienne, réduisant la fixation du dioxyde de carbone ; la seconde serait imputable à l'émission de chlorofluocarbures (CFC), véritables « mangeurs d'ozone ». Le réchauffement de l'atmosphère ainsi provoqué par l'activité humaine doit engendrer une fonte des glaces polaires, et donc une élévation du niveau des mers provoquant l'inondation de milliers de km^2 de côtes basses. Alertées par cet enchaînement apocalyptique, les autorités publiques nationales et internationales ont « réagi ». Comme elles savent si mal le faire, c'est-à-dire à coups de réglementations et de bureaucratie. Par le protocole de Montréal, les 46 principaux pays industrialisés se sont engagés à réduire de 50 % d'ici 1998 leurs émissions de CFC. Peu de temps après, le 2 mars 1989, la CEE s'engageait plus avant en annonçant, toujours pour 1998, une réduction de 85 % des émissions de CFC. Le même mois de la même année, les Nations Unies proposaient, dans la déclaration de La Haye, la création d'une Haute Autorité internationale chargée de lutter contre l'effet de serre ! Condamnées, la fabrication usuelle des bombes aérosols coupable d'employer des CFC, comme la politique de développement du Brésil responsable de la déforestation amazonienne.

Pourtant, ce semblant d'unanimité ne fait pas la vérité. Même un Michel Barnier reconnaît que « la capacité de fixation du dioxyde de carbone par les écosystèmes terrestres — essentiellement les forêts — est controversée. » Et, concernant l'amincissement de la couche d'ozone, que « les processus en cause sont encore incomplètement compris et de nombreuses controverses divisent la communauté scientifique. » Réserves pro forma, qui ne l'empêchent pas de trouver insuffisamment ambitieuses les décisions du protocole de Montréal ! En fait, même ces réserves ne sont pas justifiées. Il n'est pas juste de parler de controverses là où la croyance s'oppose à l'évidence ; encore moins de controverses entre scientifiques. Ou alors la notion de science n'a plus de sens.

Car enfin, il n'est pas possible de prétendre sérieusement que la forêt tropicale est le « poumon de la terre ». D'une part le gaz carbonique absorbé par la forêt est rejeté par celle-ci lorsque les arbres meurent ; d'autre part l'oxygène qu'elle fabrique est capté par la multitude d'êtres vivants qui peuple la forêt. En clair, les bilans gaz carbonique et oxygène de la forêt, même amazonienne, sont nuls. Celle-ci fonctionne « égoïstement ». En outre, l'influence des émissions de gaz carbonique n'a pas l'importance qu'on lui donne. En termes d'effet de serre, celle des variations de la vapeur d'eau est plus significative. Pour l'avoir rappelé devant un parterre d'écologistes, Haroun Tazieff s'est fait chahuté comme le serait un infidèle face à des croyants partisans de la djihad écologique.

Quant aux CFC, le modèle théorique dit bien que le chlore a un effet catalytique sur la dégradation des molécules d'ozone. Mais il y a des sources naturelles de chlore a priori plus redoutables pour la couche d'ozone que les CFC d'origine industrielle. Ne serait-ce que l'action du soleil sur les mers provoquant l'évaporation de l'eau et la production d'une pression partielle de chlore dans l'air. Mieux, des relevés chimiques stratosphériques effectués par un groupe de chercheurs, et présentés dans la fameuse revue *Science* (vol. 342), montrent qu'en tout état de cause la concentration des dérivés chlorés actifs est insuffisante pour expliquer le trou décelé dans la couche d'ozone au-dessus de l'Antarctique. Un avis partagé par James Lovelock lui-même, ce savant britannique que d'aucuns considèrent un peu vite comme le véritable fondateur de l'écologie, et pour lequel les émanations de méthane, le plus souvent naturelles, sont bien plus nocives que celles de CFC. La conclusion de ces chercheurs est nette : « ce trou est causé par des facteurs qui ne dépendent pas de l'activité humaine. » De plus, rien ne permet d'affirmer que ce trou est récent. L'Histoire des variations de la couche d'ozone est encore inconnue : l'ozone n'est connue que depuis deux siècles, et les trous ne sont repérables, grâce aux satellites, que depuis quelques décennies. Ne vient-on pas de montrer que s'il y a des trous d'ozone dans la stratosphère, l'ozone est surabondant dans la troposphère, c'est-à-dire plus bas ?

Enfin, constat ultime, on cherche en vain les preuves du réchauffement de l'atmosphère. La *National Oceanic and Atmospheric Administration* (NOAA) américaine a lancé deux satellites de la série TIROS-N qui effectuent depuis 1979 des relevés de températures terrestres et maritimes. Aucun signe de réchauffement n'a été enregistré dans la décennie quatre-vingt, dont les températures moyennes sont les mêmes que celles des années soixante-dix ! Quant à la fonte des glaces polaires, des mesures effectuées par un chercheur de la NASA, Jay Zwally, montrent qu'au Groenland l'épaisseur des glaces a augmenté de 23 cm par an depuis 1970 ! Au reste, la Terre a déjà connu des variations climatiques considérables, sans que l'activité de l'homme y soit pour quelque chose. Les dinosaures n'ont sûrement pas disparu à cause des CFC d'origine industrielle. Tous ces faits et toutes ces mesures ne seraient-ils pas suffisamment probants, qu'il ne faudrait pas oublier le rôle des... nuages ! En effet, même s'il y avait initialement un processus de réchauffement de l'atmosphère, il y aurait plus d'évaporation d'eau et donc plus de nuages pour faire écran au rayonnement solaire. Sans tomber dans le providentialisme de Linné, pour lequel un équilibre naturel rompu se rétablit toujours par un système de compensation, il est absurde de nier que de tels mécanismes peuvent jouer. *Last but not least*, et pour clore (sans h) ce premier exemple, il convient de ne pas oublier les raisons pour lesquelles les CFC ont été si abondamment utilisés dans les bombes aérosols, les processus d'air conditionné et de réfrigération. Ces raisons tiennent aux propriétés particulières de ces gaz qui sont relativement inertes et non toxiques. En l'état actuel des connaissances, aucun substitut n'est aussi sûr ni aussi peu coûteux. Leur suppression engendrerait sans doute plus de décès par empoisonnement alimentaire résultant de mauvaises réfrigérations que de décès par amincissement de la couche d'ozone.

Avec l'effet de serre, les « pluies acides » sont fréquemment appelées à la barre pour témoigner de la marche vers la destruction du monde. Encore un faux témoignage utilisé par les procureurs d'un procès construit de toutes pièces à des fins de manipulation idéologique. Mais la fréquence de la référence ne fait pas la flagrance du délit. En l'occurrence, répétition vaut plus prétérition que démonstration. A l'origine se trouve une part de vérité scientifique : certains gaz, tels que les oxydes d'azote et le dioxyde de soufre peuvent se transformer, au contact de particules humides, en acide nitrique et en acide sulfurique. Il est vrai que des industries, notamment les industries fortes consommatrices de charbon, rejettent ces gaz dans l'atmosphère et qu'au contact de la vapeur d'eau des acides peuvent se former et être renvoyés au sol par des précipitations. Mais moins scientifique est l'affirmation des conséquences de ces pluies acides qui seraient responsables des dépérissements de forêts constatés dans nombre de pays tempérés (Allemagne, Pologne, Scandinavie, États-Unis et Canada). Les pluies acides expliqueraient aussi l'acidité trop forte de nombreux lacs de ces régions, endommageant leur faune et leur flore.

Un conditionnel qui, pour ne pas être un conditionnement, doit se décliner sur un mode plus dubitatif que prédictif. Reconnaître, comme le fait encore Michel Barnier, que le mécanisme d'action des pluies acides sur les forêts « est encore peu connu », n'est pas suffisant. Et de surcroît entretient la confusion : comme une porte est ouverte ou fermée, un mécanisme est connu ou inconnu. Dire qu'il est « peu connu » incite à penser qu'il existe, mais que cela ne se sait pas beaucoup. Or la démonstration de son existence n'est pas faite. Depuis 1985, les chercheurs de l'Institut National de la Recherche Agronomique (INRA) de Nancy mènent une expérience comparative intéressante : les observations portent sur deux échantillons d'arbres, l'un poussant dans des serres à l'air filtré, l'autre soumis aux pluies acides (naturelles ou provoquées). Voilà la conclusion tirée par J.P. Garrec du centre de recherche forestière de l'INRA : « Soyons honnêtes, dit-il, cette expérience réalisée dans le cadre du programme sur le dépérissement forestier attribué à la pollution atmosphérique (DEFORPA) ne nous a pas permis de mettre clairerement en évidence le rôle des fameuses pluies acides. » A l'inverse, il semble « qu'un peu de soufre et de gaz carbonique, voire une faible dose d'ozone, favorise croissance et productivité »... La simple corrélation entre l'augmentation des rejets de gaz sulfureux et le dépérissement forestier ne suffit donc pas à établir une relation de cause à effet.

D'autant que le milieu scientifique admet aujourd'hui largement une explication fondée sur le « stress hydrique » mise en évidence grâce à la dendrochronologie (l'étude de l'évolution de la croissance végétale par les cernes des arbres). Cette technique a permis de constater dans le passé des dépérissements de vastes espaces qu'il est impossible d'imputer à une cause industrielle. Ajoutez aux dépérissements par sécheresses, ceux dus à des sols naturellement pauvres en sels minéraux (calcium et magnésium), et vous aurez l'essentiel des causes du phénomène. Telle est d'ailleurs la conclusion d'un important travail américain publié dans la revue *Regulation* (n°45) : « Des enquêtes approfondies sur des forêts naturelles et des plantations commerciales dans les états de l'est et du nord-ouest n'ont pas réussi à identifier un dépérissement régional qui ne pourrait pas être attribué à des causes naturelles, sauf peut-être pour les sapins rouges dans les hauteurs des Appalaches du nord-est. » L'influence directe des pluies acides sur le dépérissement des forêts doit donc être ramenée à sa juste proportion, proche de zéro.

Toutefois, elles ont une influence indirecte provoquée par les écologistes. A force de dramatiser la situation, les pluies acides sont désormais à l'origine d'un syndrome de surprotection des forêts des plus néfastes pour leur développement. Pour que la forêt vive, des arbres doivent mourir. Il est normal que des arbres disparaissent pour que d'autres renaissent, sinon la forêt ne se reproduit plus et meurt. En s'acharnant à sauver des arbres mourants, les écologistes font souffrir les forêts. Le cas de la forêt de Fontainebleau illustre les conséquences d'une méconnaissance des lois sylvestres au nom d'un amour bêtifiant de la nature. Cette forêt souffre aujourd'hui d'une vieillesse incurable car des « amoureux » de la nature se sont victorieusement opposés au renouvellement des arbres. Comme les arbres de Montmartre, comme la chênaie Colbert de la forêt de Tronçais, dans l'Allier, et comme la plupart des forêts d'agrément françaises, qui souffrent d'avoir été trop protégées. A l'Office National des Forêts, ce phénomène est bien connu. Pour Pierre Martinot-Lagarde, Directeur des Services Techniques de l'ONF, « en matière d'arbres, les Français sont atteints d'immobilisme. Ils ont une vue faussée des choses et leurs arbres leur cachent la forêt. » Les tempêtes, et les dégâts qu'elles provoquent, en deviennent presque souhaités car ils permettent de rénover les plantations !

Faut-il d'autres exemples de l'imposture proto-scientifique des bons sentiments écologiques ? Un ouvrage entier n'y suffirait pas. Dans le lot, certains ont néanmoins un sel particulier qui leur vaut d'être évoqués.

Les « intégristes du pot catalytique » savent-ils que le catalyseur est inefficace en dessous de 300° C, c'est-à-dire lorsque le moteur est froid ? Que la moitié des trajets effectués par les automobilistes sont inférieurs à 3 km, et se font donc moteur froid ? Que ces courts trajets sont le plus souvent accomplis en milieu urbain, là où le pot catalytique serait le plus conseillé ? Que ce pot est extrêmement sensible aux réglages du moteur, et qu'il suffit de ratés d'allumage pour dégrader ses composants ? Que même équipé d'un tel pot, un véhicule peut donc rejeter des gaz non épurés ? Sans parler de l'aspect économique de la question : plus d'importations de produits pétroliers bruts pour produire une même quantité d'essence (sans plomb), plus de consommation de carburant (environ 10 %), plus de prix à l'achat pour l'usager (encore 10 %), et plus d'importations de matériel (3 milliards de francs) ! Sans oublier les effets pervers des législations imposant ce pot, tels que l'arrêt de la recherche sur le « moteur propre », domaine dans lequel les laboratoires français étaient à la pointe !

Les fanatiques de la conservation font-ils croire que la tendance est à la réduction des espèces animales ? Une enquête commencée en France en 1979 pour la constitution d'un Atlas naturel montre que le nombre total de vertébrés a augmenté depuis le début du siècle, le nombre d'espèces disparues étant inférieur au nombre d'espèces nouvelles ! Les mêmes qui s'appuient sur une réglementation européenne pour offrir une nouvelle version du

« chasseur chassé », notamment en vue de protéger des oiseaux, feraient mieux de réfléchir au petit problème suivant : si 77 chats attrapent en un an 1 100 proies dont les deux-septièmes d'oiseaux, combien cinq millions de chats anglais tuent-ils de proies dans le même temps, et combien six millions de chats français attrapent-ils d'oiseaux ? (Réponse : respectivement 70 et 20 millions ! L'échantillon représentatif des « 77 » a été étudié par deux chercheurs britanniques, P. Churcher et J. Lawton). La Fontaine savait déjà que « Raminagrobis fait en tous lieux un étrange ravage », comme Baudelaire, qui n'a pas hésité à faire des chats l'une de ses étranges Fleurs du Mal. Mais la culture, qu'elle soit littéraire, scientifique ou agricole, n'est sans doute pas le propre de l'écolo.

Il faut voir avec quelle légèreté les agriculteurs ont été désignés à la vindicte populaire dans l'affaire des nitrates. Au départ, encore une vérité incontournable qui sera utilisée à des fins discutables. Les eaux comportant trop de nitrates — cette forme minérale de l'azote — sont impropres à la consommation, et peuvent même provoquer la maladie dite « du sang bleu ». Il s'agit d'une maladie affectant généralement les nourrissons car leur estomac, moins acide que celui de l'adulte, peut comporter des bactéries qui transforment les nitrates en nitrites. Or, dans le sang, ces nitrites changent l'hémoglobine en méthémoglobine qui n'a plus le pouvoir de fixer l'oxygène. D'où une asphyxie qui peut engendrer la mort. Cette maladie est connue depuis longtemps, et des foyers localisés s'étaient déclarés en Europe dans les années quarante et cinquante. Aujourd'hui, grâce à la généralisation des réseaux d'adduction d'eau, elle a quasiment disparu des pays développés et ne subsiste plus que dans les pays pauvres. Le potentiel émotionnel de la maladie du sang bleu était cependant trop tentant pour nos Verts et la chasse aux nitrates est devenue l'un de leurs sports favoris, soutenus en cela par l'État qui créa à partir de 1984 un CORPEN, Comité d'Orientation pour la Réduction de la Pollution des Eaux par les Nitrates. Jusque-là, rien de bien méchant.

L'imposture est apparue en 1990, lorsque suite à une élévation des taux de nitratation des eaux, les agriculteurs et plus particulièrement les éleveurs de porcs, ont été transformés en boucs émissaires. Brice Lalonde en personne les a montrés du doigt, lors d'un voyage éclair en Bretagne. Accusant les uns de répandre trop d'engrais azotés, et les autres de rejeter inconsidérément les lisiers de porcs. L'accusation n'est cependant pas recevable pour de multiples raisons. En supposant même que les reproches faits aux uns et aux autres soient fondés, il ne faudrait pas oublier que la Politique Agricole Commune (PAC) est responsable du comportement des agriculteurs. En fixant arbitrairement des prix à des niveaux trop élevés, la PAC incite les paysans à pratiquer des cultures intensives et à produire des excédents. La responsabilité de l'intensification des cultures, et de ses conséquences environnementales, appartient plus au gouvernement de Brice Lalonde, partisan des absurdités de la PAC, qu'aux individus qui sont au bout d'une chaîne d'incitations perverses. Cela dit, en y regardant de plus près, le comportement des agriculteurs n'est pas aussi dangereux qu'on voudrait le faire croire. Ainsi, en Bretagne, les élevages de porcs ne participent que pour moins d'un tiers aux apports d'azote d'origine animale et la montée des taux de nitratation des eaux s'explique plus par les événements climatiques exceptionnels que par la pratique courante des agriculteurs. Deux années de sécheresse consécutives ont fait que les plantes ont poussé moins vite que prévu, absorbant moins de nitrates. De plus, les fortes chaleurs de 1989 ont favorisé l'activité de micro-organismes qui ont transformé en nitrates l'azote des matières organiques enfouies dans le sol. Là-dessus, les pluies violentes de janvier-février 1990 ont lessivé les sols entraînant les minéraux solubles, dont les nitrates, vers les rivières et les nappes phréatiques (encore que tous les sols ne soient pas de même nature ; certains, plus poreux que d'autres, assimilent mieux l'azote). Enfin, il ne faut pas oublier que les agriculteurs n'ont pas intérêt à provoquer un excès d'azote. Ils savent qu'un tel excès provoque la verse des céréales, diminue la qualité de la farine, accroît la sensibilité aux parasites, abaisse la richesse en sucre des betteraves, augmente la teneur en eau des légumes jusqu'à faire éclater les carottes, affecte la santé des cheptels de bovins, réduit la productivité des poules pondeuses, etc. Ils le savent si bien qu'ils utilisent dans leurs champs des pièges à nitrates comme la phacélie, une herbe qui fixe 100 kg d'azote à l'hectare et qui, gelant autour de 7° C, n'a pas besoin d'être récoltée. Engazonnés de la sorte, les champs de maïs des Landes ou de l'Alsace ont vu leurs taux de nitrates baisser d'un coefficient 10 ! De façon plus générale, l'utilisation des engrais s'est stabilisée depuis une dizaine d'années (au-dessous de six millions de tonnes d'éléments fertilisants), comme d'ailleurs celle des pesticides, qui baisse depuis 1982.

Non, Monsieur Le Ministre, les agriculteurs ne sont pas les irresponsables que vous imaginez, tout simplement car tel n'est pas leur intérêt. Vous feriez mieux de cibler les stations d'épuration des collectivités publiques locales et de les inciter à mettre en place des processus de dénitratation des eaux de consommation pour « passer » les années où la nature n'est pas aussi clémente que vous le souhaitez. Mais, peut-être avez-vous rempli la mission qui vous était confiée : détourner l'attention des vrais problèmes de l'agriculture ; transformer en accusés les victimes de la politique agricole commune, afin que votre gouvernement ne soit pas déstabilisé par cette faillite économique et sociale.

De l'effet de serre à l'affaire des nitrates, la manipulation de l'opinion est rendue possible, entre autres raisons, parce que l'évaluation des risques est manipulable. Complexité scientifique et densité émotionnelle se conjuguent encore pour rendre délicate une appréciation rigoureuse des situations, offrant ainsi au catastrophisme un terrain favorable.

Manipulable, le risque l'est en premier lieu parce que sa définition est imprécise. Il peut être défini en termes de causes ou en termes de conséquences.

Dans le premier cas, on distingue les risques « naturels » (tremblements de terre, sécheresse, inondations, etc.) des risques « technologiques » (nucléaire, barrages et grands ouvrages, transports, etc.). Bien que les qualificatifs employés ne soient pas très heureux — car en quoi la technologie ne serait-elle pas naturelle ? — l'idée de différencier des risques indépendants de l'activité humaine, donc sans responsable, de risques liés à cette activité et donc avec responsables, paraît pertinente. Cette Summa Divisio est d'autant plus acceptable que les écologistes tendent à minimiser les premiers et à exagérer les seconds. Quand ils ne tentent pas de nous faire prendre des risques « naturels » pour des risques « technologiques », comme dans le cas de l'effet de serre ou des nitrates. L'imposture a ici pour but d'accroître le sentiment de culpabilité des hommes et de développer un complexe écologique propice à l'instauration de mesures coercitives.

Dans le second cas, où le risque est défini par ses conséquences (éventuelles) et non plus par ses causes, on retrouve un clivage opposant les conséquences sur l'homme et les conséquences sur l'environnement. Mais si les dangers affectant celui-là sont aisément repérables, ceux affectant celui-ci le sont moins. Quelle est la norme qui permet de juger que l'environnement est en danger, sans référence aux individus ? Les écologistes ont une réponse passe-partout qui tient dans la notion d'« équilibre naturel ». Ce point fixe, qui est devenu une véritable fixation, est tout à fait imaginaire. Il trouve sa source dans une conception statique des lois de la nature, laisse au mieux la place à une évolution déterministe des choses, et débouche sur une idéologie de la conservation qui voudrait faire de la planète un immense musée. Une nouvelle fois, la croyance en un sens de l'Histoire conduit à rêver d'une fin de l'Histoire. La nature n'a jamais été figée, ni dans ses états, ni dans ses processus, et les dinosaures ne sont pas les seuls à l'avoir appris à leur détriment. Le darwinisme déterministe néglige trop les processus de découverte et d'adaptation qui sont les signes mêmes de la vie. Le vivant s'adapte ou meurt, et en s'adaptant il modifie son milieu tout autant qu'il est modifié par lui. Partant, il n'y a pas d'« équilibre naturel » à partir duquel pourrait être étalonné un risque sans conséquences humaines. Sauf à nous imposer la dictature de l'imaginaire. Dans le même registre des définitions du risque, cherchez celle du risque « majeur » (naturel ou technologique). Ce n'est pas parce qu'il participe d'un intitulé ministériel que sa définition n'est pas confuse. Un expert en la matière ne cache pas que le risque majeur (ou le grand risque) n'est en définitive que celui qui risque de déstabiliser le pouvoir politique ! Ainsi, plus le pouvoir est fragile, plus le champ du risque majeur est étendu. Le moins que l'on puisse dire est que l'arbitraire et la relativité du concept ne favorisent pas son appréhension.

L'IMPOSTURE

Manipulable par sa définition, le risque l'est en deuxième lieu par les incertitudes qui pèsent sur son évaluation. L'effet papillon, mis en évidence dès 1960 par Edward Lorenz, un chercheur en météorologie du célèbre MIT (Massachusetts Institute of Technology), montre qu'en dépit d'une accumulation de données précises, des causes insignifiantes et non perceptibles peuvent engendrer des conséquences imprévisibles. Un battement d'ailes de papillon à Pékin peut, quelques temps après, provoquer une tempête à New York! Applicable aux risques « naturels », l'effet papillon se double pour les risques « technologiques » d'un effet d'ignorance. Ces derniers sont liés à l'action humaine ; or celle-ci est imprédictable du fait de l'ignorance inhérente aux événements futurs qui la conditionnent. L'incertitude qui affecte les comportements n'est pas toujours probabilisable, et l'action humaine s'inscrit alors dans un contexte d'ignorance bien connu des économistes, notamment ceux de l'École autrichienne (von Mises, von Hayek). La création récente en France de l'Institut National de l'Environnement Industriel et des Risques — L'INERIS —, fort de 430 personnes et d'un budget de plus de 200 millions de francs ne doit pas masquer les difficultés que soulève la réalité de l'effet papillon ou de l'effet d'ignorance. Ce n'est sûrement pas le changement de ministère de tutelle, l'Environnement après l'Industrie, qui permettra aux équipes regroupées dans ce nouvel « Institut du Danger » de reculer les limites de l'imprédictable.

D'autant que dans le meilleur des cas, et malgré toute la compétence des ingénieurs, il n'existe pas d'évaluation « objective » du risque. La subjectivité des probabilités, lorsqu'elles existent, s'ajoute à la subjectivité des coûts, lorsqu'ils sont pris en compte. Et plus la complexité des problèmes est grande, plus la subjectivité des calculs est forte. Après étude d'une quarantaine d'exemples, un sociologue du CNRS (Denis Duclos) a pu ainsi déclarer : « L'outil de référence du monde scientifique, c'est le calcul, le chiffre, le modèle. Mais, au delà d'un certain seuil (de complexité), le recours au chiffre devient inopérant. C'est là que l'on voit apparaître les limites de la rationalité… » Ces limites sont atteintes d'autant plus vite que, même lorsque le recours au chiffre est possible, le côté psychologique du risque l'emporte sur son aspect statistique. Il en est ainsi pour au moins deux raisons. D'une part l'aspect statistique est dévalorisé par une avalanche d'informations, parfois contradictoires, résultant de la multiplication des recherches sur les risques. D'autre part l'aspect psychologique est renforcé par le côté spectaculaire, bien que souvent minime, des résultats présentés. Par exemple, les risques d'empoisonnement sont 100 000 fois plus importants du fait des contaminations microbiennes que des additifs alimentaires même les plus « artificiels ». Sur 1500 cas d'empoisonnement enregistrés en Grande-Bretagne en 1989, le *Public Health Laboratory Service* a constaté que presque 60 % sont imputables à une sous-cuisson des repas, souvent suivie d'une conservation à température ambiante qui permet à des micro-organismes de proliférer. Il est évidemment moins médiatique de demander aux consommateurs d'allonger leur temps de cuisson, que d'accuser le four à micro-ondes de « fuites d'ondes dangereuses », ou l'industrie agro-alimentaire d'avoir de mauvais procédés de fabrication. Suspecter les colorants, les édulcorants de synthèse, ou autre trace de benzène dans le Perrier, nourrit plus l'inquiétude que la négligence des cuisiniers, même si un facteur 10^5 sépare les deux types de risques. Dans le même ordre d'idées, on trouve bien des manifestants anti-nucléaires qui roulent en moto sans casque... Dans cette dérive de la perception des risques, les médias ont un rôle déterminant, tant leur attrait du choc psychologique prend le pas sur le goût de la vérité scientifique. Démêler le vrai du faux devient impossible lorsque d'éditions en émissions spéciales, toutes plus brèves les unes que les autres, l'avidité du spectaculaire l'emporte sur l'aridité de la statistique. Le public, qui n'a déjà pas toujours accès à la culture technique, quand il n'a pas un sentiment de défiance à son encontre, se trouve ainsi maintenu et conforté dans ses réactions émotionnelles. La perception du danger étant faussée, il n'est pas étonnant que la gestion des risques soit irrationnelle. La surestimation des risques à « haute visibilité », comme la sous-estimation des autres, génère des affectations de ressources inefficaces : trop de dépenses pour des résultats qui pourraient être bien meilleurs.

Les biais introduits par les

médias ne se limitent pas au seul aspect du risque et affectent l'ensemble des questions d'environnement. Si la complexité de ces questions permet l'existence de faux diagnostics, présentés comme des prédictions scientifiques, leur incidence sur les individus s'explique par l'engagement des médias derrière la bannière des Cassandre de l'écologie. Aussi perverse que sa dimension scientifique, la dimension médiatique de l'imposture écologique mérite tout autant d'être dénoncée, car c'est avec elle que l'absurde devient fait de société.

Aucun support n'échappe à l'engagement, tous se font supporters. Presse écrite, TV, show-bizz et cinéma sont atteints d'écolomania aiguë. A2 lance un *SOS Polluards* à destination des enfants, un dessin animé dont la production a duré trois ans, coûté 82 millions de francs, et dont le simplisme manichéen devrait lui assurer un succès mondial ; même Rambo se reconvertit et nous propose une version musclée de la croisade écologique : c'est dire la gravité de la maladie ! L'engagement est général, et sa partialité s'affiche sans pudeur. Après son numéro historique sur « l'homme » de l'année, Charles Alexander, le responsable « scientifique » de *Time*, admettait volontiers « qu'à cette occasion, la frontière entre le reportage et le plaidoyer avait été franchie. » Hélène Crie, journaliste au quotidien *Libération*, rendant compte du dessin animé d'Antenne 2, précise que la chaîne « s'engage à sensibiliser nos enfants à l'écologie... Tout dans l'humour, la corde sensible. Tant pis pour la rigueur scientifique (depuis quand une marée noire solidifie-t-elle la mer ? Où a-t-on vu un vrai trou dans le ciel quand l'ozone se raréfie ?), l'important est de frapper les jeunes esprits. » Et pour frapper, tous les moyens sont bons, y compris de faire suivre chaque épisode d'un jeu-concours avec en primes... des séjours dans les parcs naturels

nationaux! Quant au scénario de *SOS Polluards*, la présentation d'Hélène Crie vaut à elle seule le déplacement :
« *Dans les mers du Sud, d'affreux jojos ne savent pas quoi inventer pour détruire faune, flore et littoral ; heureusement, les gentils babas Touftoufs veillent. Le drame des Polluards, c'est qu'ils sont un peu cons, comme tous les destructeurs de l'environnement qui ne font jamais rien exprès. A bord de leur navire « Carbonic » — extraordinaire vaisseau digne de figurer dans un album de Bilal, gluant de cambouis, cracheur de fumée nauséabonde, dépôt d'ordures ambulant —, ils croisent dans les mers du Sud. Emma est obsédée par ses premières rides. Elle pleurniche sur l'épaule de son inventeur catastrophe de mari, le capitaine Clarence : « Bouh, ouin, trouve-moi la recette de l'éternelle jeunesse. » Et lui, andouille amoureuse, concocte d'infâmes mélanges chimiques dans ses éprouvettes, tellement nuls qu'il faut bien les balancer à la mer. Les pauvres phoques en tombent aussitôt en catalepsie. Et*

quand le mécanicien rigolo Polluto, qui ressemble légèrement à Obélix, gros dégueulasse sans malice, entreprend de vidanger ses chaudières, le désastre écologique tourne à l'apocalypse. Heureusement, Polluto aime bien boire les huiles usées, ça limite les dégâts. Plus bêtisards que méchants, ces Polluards !
A quelques encablures du Carbonic se trouve l'île de Corail, peuplée de Touftoufs, personnages astucieux et enjoués, amoureux de la nature. Ils s'échinent à réparer les maladresses du trio infernal. Ils n'ont pas fini d'en baver ces petits braves nantis d'impressionnantes chevelures (clin d'œil aux babas cools ?), parce que le capitaine Clarence a enfin trouvé la recette pour satisfaire sa dulcinée : le corail, c'est magique pour les rides. Sauf qu'il faut détruire un site merveilleux et que l'environnement en verra de toutes les couleurs : incendies de forêt, exploitation sous-marine, pollution sonore, dégradation des littoraux, agression de la faune... »[1]

1. *Libération*, 12 septembre 1990.

Dans ce morceau d'anthologie, toute l'imposture est dite. Les faits sont travestis, arrangés, pour donner une image fausse et déformée de la réalité. De la désinformation pure et simple où le mensonge est si bien enveloppé qu'il finit par ressembler plus à la vérité que la vérité elle-même. Oui, avec ce dessin animé, « l'écologie fait un cartoon ». Un carton sur les esprits les plus pénétrables, ceux de nos enfants qui sont explicitement visés. Un privilège que même le puissant lobby de la publicité n'a pu obtenir. Et le comble : le tout sous l'œil bienveillant en approbateur du ministère de l'Environnement, qui patronne cette initiative d'une chaîne publique ! *SOS Polluards* illustre, jusqu'à la caricature, l'esprit et les méthodes qu'utilisent les médias pour manipuler les individus. La reconnaissance de l'engagement n'excuse pas l'indécence de l'agression. Celle-ci n'est peut-être que psychologique, mais elle est caractérisée et préméditée. Pour révéler l'intention, il suffit de comparer le ton et la teneur d'articles, dans un même journal ou d'un même auteur, portant soit sur la pollution, soit sur le SIDA. Ici, tout est fait pour éviter la panique, clarifier les risques, laisser parler les sommités du monde médical ; là au contraire, la dramatisation, le trouble et le sensationnel sont habilement distillés par le choix des mots et des références. Mirabeau, un expert en la matière, savait déjà que « l'homme comme le lapin s'attrape par les oreilles. » La leçon du maître n'a pas été oubliée.

Ces tentatives de désinformation ne doivent rien à la bêtise ni à la naïveté. Il ne faut pas croire que les journalistes sont des imbéciles, incapables de déceler les mensonges : ils les colportent avec trop de talent. Ils savent aussi que les « bons sentiments » ne sont pas seuls en cause, et que le plaidoyer écologiste n'est pas neutre. Non seulement parce qu'il repose sur des fou-thèses, mais encore parce qu'il suppose des choix dans l'organisation de la vie commune, c'est-à-dire des choix politiques. A terme, il y a toujours une conséquence individuelle. Dans l'affaire du pyralène, c'est l'hebdo *Politis* qui a mis le feu aux poudres, mais c'est le citoyen qui a payé les pots cassés.

Le pays a été mis à la recherche des fûts de dioxine, une substance réputée très toxique et plus précisément tératogène, c'est-à-dire entraînant des malformations du foetus. Après le battage médiatique fait autour de la « catastrophe » de Seveso, la ballade des fûts de dioxine a conduit les autorités françaises à prescrire le retrait et la contamination de tous les appareils contenant du pyralène, un produit utilisé comme réfrigérant dans les transformateurs électriques, et susceptible, dans certaines conditions particulières, de dégager de la dioxine. Au total, une note salée : 100 000 transformateurs éliminés, à 20 000 francs pièce, plus la facture des appareils de remplacement… Or, le rapport remis quelques temps après par l'Académie des Sciences sur les effets de la dioxine établit formellement que cette substance n'est toxique que chez le rat, et qu'il était donc inutile d'interdire le pyralène ! Évidemment, *Politis* est resté discret sur ce résultat, sans qu'il ait à craindre de payer l'addition des conséquences de sa campagne. L'addition est d'ailleurs trop souvent soustraite des campagnes écolos. Il est facile de se faire des adeptes en posant la question « Préférez-vous un air pur ou un air impur ? », alors qu'il faudrait demander « Combien de francs êtes-vous prêts à mettre pour un air pur ? ». Mais le silence sur l'addition est de règle. Il est troublant de constater comment la quasi-totalité des autres médias a gardé le même silence que *Politis* sur l'affaire du pyralène pour des raisons n'ayant sans doute rien à voir avec l'esprit de franche camaraderie.

Pourquoi la médiacratie a-t-elle

mis son pouvoir, immense car autonome, au service du catastrophisme vert ? La réponse doit être cherchée dans la nature et le mode de fonctionnement de ce « quatrième pouvoir ».

Premier facteur : le produit-média doit, avant toute chose, plaire au public. Et il est indéniable que certains sujets, comme certaines façons de les présenter, divertissent plus les gens que d'autres. Les bons contre les méchants, les Polluards contre les Touftoufs, constituent une trame classique au succès assuré. Idem pour les scénarios-catastrophe, plus porteurs que la banale réalité du quotidien. Les journalistes sont donc conduits, ne serait-ce que pour espérer être publiés, à privilégier les « papiers » au contenu manichéen et dramatique. Des caractéristiques typiques du discours écologiste ! Il ne s'agit pas de prétendre que les médias soutiennent l'écologisme parce que le public en demande. Trop facile. Mais il est vrai qu'ils y trouvent de quoi satisfaire des goûts plus tournés vers le plaisir et le délassement que vers le savoir et l'exactitude. Même en matière d'information, de telles préférences se manifestent et s'expliquent par l'asymétrie de fait entre les individus et les événements. Parce qu'il a peu de chance d'affecter l'événement, l'individu n'est pas incité à rechercher une compréhension très précise de ce qui se passe. Il lui suffit en général d'être superficiellement informé, et préfère l'être de façon divertissante. Les producteurs s'adaptent à cette demande, et il est frappant de constater comment de grandes émissions d'information relèvent plus du spectaculaire que du documentaire. L'idéal est bien sûr atteint lorsque les deux aspects se confondent. A l'image de ce que savaient faire les responsables de *Cinq Colonnes à la Une* et... de ce que permettent de faire croire les versions pseudo-scientifiques des dramatisations écologiques. Leurs qualités médiatiques justifient l'intérêt professionnel que leur portent les médias. Dès lors, en visant l'Audimat, les journalistes font naturellement la courte-échelle aux écologistes, qui eux, visent les indices de popularité.

Au delà du rôle de la demande, un deuxième facteur situé du côté de l'offre explique les préjugés médiatiques et l'insuffisance des investigations pourtant indispensables en matière d'environnement. Il s'agit de la structure grégaire et hiérarchisée des médias qui entraîne le plus grand nombre à reproduire et à imiter, sans suffisamment de perspicacité, le travail de quelques-uns. Le côté grégaire est symbolisé par la foule des reporters et autres paparazzi qui se bousculent dès que l'occasion se présente. Tous sont là, autant pour couvrir l'événement que pour empêcher le voisin d'avoir l'exclusivité. Et pour que l'autre n'ait même pas l'exclusivité de l'appréciation, rien de mieux que de dire ou écrire la même chose que lui. La conformité des idées se substitue alors à la réalité des choses comme fondement de la vérité médiatique. Le scoop lui-même n'échappe pas à ce côté grégaire. D'abord parce que rien n'est pire qu'un scoop non repris. Ensuite parce que si quelqu'un a découvert un nouveau thème intéressant, les autres se précipitent sur le créneau ainsi mis à jour afin de saisir quelques miettes du festin. Pour être plus vite assis à la table des retombées, le thème mais aussi son angle d'attaque sont repris sans vergogne, en donnant si possible dans la surenchère pour un semblant de différenciation. La hiérarchie s'ajoute à la grégarité, permettant, dans les meilleurs des cas, à quelques journaux leaders ou à quelques présentateurs vedettes d'influencer l'ensemble de la profession quant au choix des sujets abordés et la manière de les traiter. Dans les autres cas, les plus fréquents, la conformité s'ordonne autour des dépêches AFP qui représentent, en France, 70 % de l'information traitée par la télévision, la radio et la presse écrite. Exit alors le journalisme d'investigation. L'application de ces réalités au traitement des questions écologiques est immédiate. Là où la CEE n'avait pas réussi à mobiliser, « l'année de l'environnement » décrétée en 1987 s'étant déroulée dans un silence assourdissant, il a suffi que le *Time* sorte son célèbre numéro deux ans plus tard pour que le tintamarre éclate. Dans un élan mimétique exempt de vérifications mais pas d'exagérations, le cri d'alarme est repris par l'ensemble des médias.

Cela dit, la nature de la demande et les structures de l'offre ne doivent pas occulter un troisième facteur du biais médiatique : l'influence propre des idées des journalistes. Même en dehors de la presse d'opinion, le travail de chacun est naturellement influencé par son idéologie. Celle-ci est irréductible, et n'a d'ailleurs pas à être réduite. L'originalité dans les médias est l'existence d'une idéologie dominante partagée par le plus grand nombre. Cette autre forme d'esprit grégaire engendre le biais de l'ensemble. On connaît, en France, le climat syndicalo-politique dans lequel se prépare et se diffuse l'information. Mais, même aux États-Unis, où le journalisme d'opinion est pourtant moins fréquent, existe une idéologie médiatique très proche de celle des Verts. Cette idéologie écolo-étatiste ressort nettement d'une étude américaine consacrée à la comparaison du positionnement politique des élites de l'Administration, des Affaires, et du Journalisme (*The Media Elite*, 1986). Interrogés sur leurs préférences, les journalistes se positionnent d'eux-mêmes beaucoup plus à la gauche du spectre politique que les deux autres catégories. Les auteurs de cette étude ont par ailleurs montré que les journalistes étaient beaucoup plus opposés aux centrales nucléaires que les scientifiques spécialisés dans l'atome. C'est pourquoi, sur ces questions, ils privilégient les arguments et les interviews des quelques scientifiques antinucléaires, qui sont loin d'être représentatifs de leurs pairs...

Finalement, la nature même des professions médiatiques rend inévitable leur engagement écologiste. A l'appel des Verts (« Engagez-vous, rengagez-vous »), les médias ont répondu par un oui franc et massif car l'occasion était trop belle de réaliser des performances de ventes tout en faisant passer ses préférences de votes. Le terrain était certes favorable, mais il faut reconnaître que les sergents recruteurs ont été adroits. Fragilisée de l'intérieur, la place médiatique a été encerclée de l'extérieur par une profusion de rapports-événements, produits et diffusés par des organismes publics, nationaux ou internationaux. En France, le département ministériel chargé de l'environnement publie depuis

1978 un « état de l'Environnement » dont le contenu officialise régulièrement les thèses écolos ; la dernière livraison (janvier 1990) avalise par exemple l'effet de serre (p. 143 et 144) et les pluies acides (p. 173 et sq.). Au niveau international, la Commission mondiale sur l'Environnement et le Développement ou le célèbre *World-watch Institute*, dirigé par Leister Brown, figurent parmi la nombreuse liste de ces agents d'influence le plus souvent financés par les Nations Unies. C'est à la Commission mondiale que l'on doit ainsi le rapport Bruntland, *Our Common Future*, qui dresse un bilan partial et désastreux de l'action de l'homme sur les écosystèmes. Véritables relais intermédiaires, ces organismes et ces rapports ont, par leur apparente respectabilité, favorisé l'adhésion du relais final que constituent les médias. Pourtant, ceux-ci devraient savoir qu'une administration, nationale ou internationale, a naturellement tendance à surévaluer l'ampleur des problèmes dont elle doit s'occuper. C'est une bonne façon d'accroître ses crédits et d'avoir plus de personnel... ce qui permet aussi de favoriser la carrière de ses fonctionnaires ! Et il n'y a aucune raison pour que les administrations chargées de l'environnement fassent exception à cette logique bureaucratique. Pour obtenir davantage de moyens et de considération, ces organismes ont ainsi besoin d'entretenir un climat de catastrophes imminentes, et n'hésitent pas à diffuser des rapports renforçant le catastrophisme général.

Relayée et amplifiée par les médias, l'imposture écologique a pris une dimension nouvelle : d'imposture scientifique, elle est devenue imposture sentimentale. Elle a d'abord manipulé le savoir, et manipule de plus en plus l'angoisse. Après avoir visé la tête, elle vise directement les tripes. Louis Pauwels avait bien vu que l'écologiste se dit scientifique, comme le loup se disait grand-mère ; désormais, il ne reste que le loup, c'est-à-dire la peur. Le catastrophisme à visage scientifique tombe le masque et se dévoile un catastrophisme aussi démagogique que brutal.

Dans son ouvrage *Mes Combats*, René Dumont n'y va pas de main morte : si nous continuons à ne pas l'écouter, dans 12 ans — pas un de plus — nos écosystèmes seront détruits et, avec eux, anéanties les possibilités de survie prolongée de l'humanité ! Le changement de millénaire aidant, certains peuvent y croire comme d'autres avaient craint l'apocalypse pour l'avènement de l'an mil. Moins prosaïque car plus philosophique, Michel Serres cherche à conceptualiser le drame pour le rendre plus crédible : La Terre est victime d'une « guerre objective » que lui mènent les hommes, lassés de leurs « guerres subjectives ». Outre que les signes de lassitude se font malheureusement attendre, le sens de la « guerre objective » est difficile à comprendre. Il s'agirait d'une guerre entre les hommes d'un côté, et le monde « objectif » de l'autre ; comme si un monde sans humanité était idéal, alors qu'il n'est même pas concevable. Les mânes d'Ayn Rand, cette philosophe-romancière américaine, fondatrice du mouvement « objectiviste », doivent en trembler : voilà « l'objectivisme », une philosophie aux antipodes de l'écologisme, vidé de sa substance, puisque l'homme en est désormais exclu. Si la raison n'y trouve pas son compte, la « guerre objective » remplit néanmoins son office : dramatiser jusqu'à l'outrance les rapports de l'homme à la nature, faire monter l'angoisse pour accélérer la « prise de conscience ». L'éveil écologique par le réveil des peurs ancestrales. Une alternative simple, la guerre objective ou la paix verte. *Greenpeace*, remis à flot pour maintenir les pressions, comme celles que l'organisation a exercé sur le commandant Cousteau pour tenter de lui faire déclarer radioactive l'eau du lagon de Mururoa qu'il avait trouvée pure. Même l'effet de serre ne se démontre plus (et pour cause!), il se déclame. Un « ozone blues » entonné par de nouveaux druides, dopés à la potion médiatique, pour que ces chers Gaulois recommencent à craindre que le ciel leur tombe sur la tête. La ruse est grossière, mais elle peut prendre car le contexte lui est favorable. Dans un monde où le niveau de vie s'élève, les hommes s'ouvrent aux problèmes psychologiques et deviennent plus impressionnables parce que plus sensibles. La propension à l'angoisse n'a jamais été aussi forte qu'au moment où le catastrophisme se déchaîne. Dans un tel contexte, il n'est pas surprenant que l'opinion, mobilisée, sensibilisée, alertée par les moyens les plus troubles, devienne verte... de peur. De cette émotion qui semble avoir d'autant plus d'emprise sur les hommes qu'elle a moins de fondements rationnels.

LA PESTE VERTE

La grande peur des bien-pensants d'aujourd'hui, la peur écologique, a les mêmes effets néfastes que celle décrite par Bernanos. Elle affaiblit le jugement et facilite l'apparition comme le développement des croyances les plus obscurantistes et les plus fanatiques dont le moindre des effets n'est pas d'entretenir un climat angoissant. Le plus vieux média du monde entre alors en scène : la rumeur. Elle court, elle court, d'un trottoir à l'autre, pour propager ses fadaises et troubler encore plus les jugements. Fille et mère de la peur, la rumeur leur sert de vecteur tout en accomplissant son rôle ambivalent de défoulement et d'énervement des esprits. Les anti-nucléaires n'ont pas été les derniers à jouer de la rumeur, profitant de la peur provoquée par l'accident de Tchernobyl. Du mensuel *Ça m'intéresse*, qui pratique l'amalgame entre les centrales soviétiques et les centrales occidentales, à Antenne 2 qui dramatise sur les irradiés, le quatrième anniversaire de l'explosion a donné lieu à une campagne de relance des rumeurs les plus inquiétantes sur la sécurité du nucléaire. Pourtant, quatre ans après, le bilan des tués dans cet accident, vérifié par les Occidentaux qui sont allés sur place aider les Soviétiques, est de 30 décès et de 28 irradiés encore hospitalisés. Chiffres à comparer aux 500 tués du gazoduc sibérien, ou aux 200 morts du naufrage du Scandinavian Star, dont il y a fort à parier que dans quatre ans, personne n'honorera la mémoire. Dans le même ordre d'idées, depuis quatre ans, il est mort bien plus de Soviétiques par répression des tendances centrifuges de l'« Empire éclaté » que par explosion nucléaire. La dialectique peur-rumeur conduit à un véritable décervellement qui brouille la hiérarchie des valeurs et permet à l'imposture écologique d'atteindre son stade ultime : celui de l'éthique.

Il ne faut pas croire en effet que

les préférences révélées par les écologistes sont indépendantes de considérations morales sur la valeur de l'homme. Souvent, une nature imaginaire est tellement préférée à l'homme concret, que celui-ci peut en être nié. De telles préférences peuvent être mortelles, au sens propre du mot : investir 20 milliards de dollars par an, en plus des 32 milliards déjà dépensés, pour purifier l'air (coût du *Clean Air Act* américain), quand il meurt chaque jour sur la planète 40 000 enfants, n'a pas fait beaucoup réfléchir les mouvements écolos de la Côte Ouest qui ont poussé à l'adoption de ce programme. Comme le souligne Edouard Parker, un ingénieur devenu spécialiste de prospective, « On échange des inconvénients hypothétiques contre des morts certaines… Le vrai problème n'est pas celui posé par d'éventuels minuscules volumes de déchets radioactifs vitrifiés enfermés à 3 000 mètres sous terre dans des caves en béton creusées dans un dôme de sel inerte depuis des millions d'années : c'est celui des gigantesques camps de misère qui sont en train de s'étendre aujourd'hui tout autour de toutes les grandes capitales du tiers-monde et jusqu'au cœur de New York, à Brooklyn, à Harlem... des bidonvilles de Lagos, de la cité des morts du Caire, des ranchitos de Caracas, des favellas de Sao Paulo et des "pueblos juvenes" de Lima. »

Même en se limitant à des choix plus individualisés, l'altération des jugements et la confusion éthique que provoque l'écologisme sont patentes. Pour mesurer l'ampleur des dégâts, John Baden, l'un des meilleurs spécialistes de l'économie de l'environnement, a proposé à ses « amis » écologistes un choix simple. Vous recevez un héritage de 10 millions de francs (après paiement des droits de succession). Le testament mentionne que vous pouvez disposer librement de la moitié de cette somme, à la condition de donner l'autre moitié à l'une de deux fondations nommément désignées. Dans les deux cas, il s'agit de fondations reconnues pour leur honnêteté, leur efficacité et le dévouement de leurs membres. La première a pour objectif d'aider des gens du tiers-monde qui meurent de faim, la seconde se charge de la protection d'espèces animales en voie de disparition. Quelle fondation choisissez-vous ? Bien que gênés par ce choix, et confrontés à leurs yeux à un véritable dilemme, les écologistes interrogés répondent, à une majorité écrasante, en faveur des animaux ! Le choix de Baden n'ayant pas la force dilemmatique du « Choix de Sophie », le test est révélateur d'un système de valeurs dans lequel le respect de la nature passe avant le respect de l'être humain. Il montre que la valeur marginale d'animaux en voie de disparition est perçue comme plus élevée que celle d'individus d'un pays pauvre (version utilitariste). Et comme tout utilitarisme est fondé sur une éthique, cela revient à admettre que, face à des circonstances qui les jugent également superflus, des animaux ont un droit moral à l'existence plus important que des hommes (version éthique). Cette extension à la nature de considérations morales est d'ailleurs un trait caractéristique de l'éco-philosophie. Aldo Léopold, le Michel Serres américain, la considère comme un signe d'élévation de notre sens moral et justifie par là les slogans bien connus des manifs écolos : « Un même espace, une même espèce » ou encore « Des droits égaux pour toutes les espèces ». Si le naufrage éthique de ces mots d'ordre ne vous touche pas, pensez au désastre pratique de leur éventuelle application : bonjour le bacille de Koch et autre virus du SIDA ! L'absurde est l'aboutissement logique de l'imposture.

II. L'ANATHÈME

Imposteur sans scrupule, l'écologiste est aussi imprécateur sans pitié : à la dramatisation il ajoute la culpabilisation. Angoissé vous devez être, et coupable vous êtes proclamé. Vous le géniteur ou l'ingénieur, vous le producteur ou le consommateur, vous le concurrent ou le contractant, vous le propriétaire ou l'individu... Tous, responsables devant Waechter de l'insulte faite à la nature. Dans l'un de ses billets hebdomadaires, Dominique De Montvallon a bien ressenti cette pratique accusatoire des Verts. Rendant compte du dernier libelle de leur chef de file (*Dessine-moi une planète*, 1990), il souligne à juste titre que « ce technocrate de l'écologie aux allures de curé à l'ancienne, réussit l'exploit, chaque fois qu'il monte en chaire, de culpabiliser son auditoire au point que chacun se tourne vers son voisin avec une mine effarée : « Quel péché (contre la nature) ai-je encore commis ? ». Mais il est inutile de s'interroger trop longtemps, car les petits juges verts ont de toutes façons la sentence en poche. Nous sommes a priori frappés d'anathème, et a fortiori maudits si nous prétendons être des hommes libres acceptant le capitalisme honni.

L'écologisme n'est en effet que la variante fin de siècle d'un anti-capitalisme systématique qui n'est pas avare de virages thématiques. L'angle d'attaque change, mais la cible est toujours la même. Au début des années quarante, le capitalisme était condamné car générateur de stagnation séculaire. Juste avant les trente glorieuses (!), le ralentissement démographique, la chute des inventions et la fin de la marche vers l'Ouest devaient entraîner l'arrêt de la croissance, que seule une impérative planification d'État pouvait empêcher. Dans les années cinquante, le capitalisme est condamné car ne permettant pas un développement suffisamment rapide et équilibré. L'État centralisateur et le dirigisme sont encore appelés à la rescousse pour maximiser un taux de croissance devenu véritable objet de culte. Dans les années soixante, le capitalisme est condamné car il engendre trop... de croissance! Sous l'impulsion de Galbraith, *The affluent society* préfigure la critique de la société de consommation, et l'État séculier doit se transformer en État-providence pour imposer la solidarité en guise de succédané de spiritualité. Dans les années soixante-dix, le capitalisme est condamné par l'inhumanité de sa technologie et l'épuisement des ressources naturelles qu'il provoque. Sous l'égide du Club de Rome, l'écologisme lance son cri primal : « Halte à la croissance! » Sur la lancée, les années quatre-vingt passent de la croissance zéro à la pollution zéro, le capitalisme étant condamné par ses dégradations de l'environnement, résultats d'une course effrénée au profit, d'une société individualiste à l'égoïsme exacerbé. Quel que soit l'argument, la finalité est identique : condamner l'économie de marché et justifier l'interventionnisme de l'État. Jugée d'abord impossible (40), la croissance du capitalisme a successivement été jugée trop faible (50), puis trop forte, trop matérialiste et trop inégale (60) ensuite trop technique et trop consommatrice (70), pour être enfin trop polluante et trop dévastatrice (80). Un argumentaire digne de l'Inquisition où l'apport d'une preuve contraire au dogme ne fait que relancer l'inculpation d'hérésie. L'imprécation écologique n'est que le dernier avatar de cette dialectique de sycophantes ; mais ce n'est pas pour cela qu'elle vaut mieux que les discours antérieurs.

La longue litanie du réquisitoire

écologique débute le plus souvent par la remise en cause du processus de croissance économique et de ses principaux facteurs — population, progrès technique — au nom de l'épuisement des ressources naturelles et du gaspillage des ressources non renouvelables qu'ils sont supposés provoquer. La démarche d'Aurélio Peccei, le fondateur du Club de Rome, n'est cependant pas plus acceptable que celle de Malthus. Dans un cas, comme dans l'autre, le raisonnement est fondé sur des extrapolations... tendancieuses. Il est évident qu'en prolongeant les tendances démographiques les plus fortes de l'après-guerre, tout en figeant les techniques disponibles, il est possible de prédire le collapsus. D'annoncer dix milliards d'hommes (et parfois mille milliards comme Antoine Waechter!) pour la fin du 21e siècle, croulant sous leurs propres déchets et incapables de se nourrir. Mais si l'augmentation de la population est bien un facteur de croissance économique, l'inverse n'est pas vrai. Au contraire, le développement s'accompagne d'une baisse des taux de fécondité, et nombre de pays développés n'ont plus la natalité suffisante pour assurer le renouvellement des générations. La croissance apparaît ainsi comme le plus sûr moyen de régulation des naissances, de la même façon que la misère est le plus sûr moyen d'engendrer la surpopulation. Vouloir stopper la croissance, comme le réclament les écologistes, c'est vouloir empêcher le ralentissement de la progression démographique. Malgré cela, un Edward Goldsmith n'hésite pas dans son dernier rapport sur la planète Terre (Stock, 1990) à considérer la croissance zéro comme trop forte, et à préconiser la réduction du progrès ! Et quand bien même les dix milliards ou plus d'êtres humains seraient atteints, par quel strabisme supposer que l'évolution des hommes ne s'accompagnerait pas d'une évolution des techniques ? Ne serait-ce que parce que la vie aura été accordée à un plus grand nombre d'inventeurs, il y a toutes les chances que l'humanité dispose alors d'un progrès technique accru, capable de reculer les limites matérielles, alimentaires et spatiales, que seule la technologie d'aujourd'hui permet de définir. Marx, après Malthus, avait aussi fait cette erreur de négliger le potentiel de changement du progrès technique et la capacité d'adaptation des hommes. Et ils n'ont pas été les seuls ; même parmi les spécialistes, la liste est longue des blocages intellectuels : c'est Edison qui déclarait en 1920 que la radio n'avait aucun avenir, et Arago qui estimait que le transport des troupes par chemin de fer les « émasculerait »... Les Peccei, Dumont et autres Goldsmith ne font que répéter la même erreur. A les en croire, et en extrapolant les tendances de 1880, les villes crouleraient aujourd'hui sous le crottin de cheval ! Aucun d'entre eux n'aurait été capable de prévoir que la pression du besoin de transport, lié à l'augmentation de la population, allait substituer le cheval-vapeur au cheval tout court. En fait, ces prophètes de l'impossible péchent par orgueil : ils refusent de prendre en compte des solutions auxquelles ils n'ont pas eux-mêmes pensé. Cet orgueil les rend myopes, quand ils ne sont pas déjà aveuglés par leur haine de la technique, au point d'envisager son abandon. Que ne voient-ils pas le rôle de la technique dans l'amélioration de la condition humaine ? Elle seule permettra de résoudre les problèmes d'environnement.

Chaque jour apporte une innovation intéressante, tel ce procédé *Filbermist* qui permet en une seule opération, de façon économique, efficace et sans entretien, de purifier et de recycler l'air pollué. Déjà le marché des technologies environnementales atteint une dimension impressionnante. En mars 1990, s'est tenue à Vancouver une grande foire des industries de l'environnement, « Globe 90 » qui a permis de préciser les ordres de grandeurs. Pour l'Amérique du Nord, le marché en 1989 était de 563 milliards de francs, avec un taux d'expansion de 7,5 % par an, chiffres supérieurs à ceux de l'aviation et du secteur aérospatial. Pour l'Europe occidentale, l'évaluation est de 583 milliards de francs, dont 100 milliards pour la France (hors activités liées à la prévention des risques), avec un taux d'expansion de 4 % par an. Derrière ces milliards et ces pourcentages, ce sont des technologies nouvelles et des procédés concrets qui se mettent en place. Mais pour *Greenpeace*, Globe 90 n'était « qu'une façon pour l'industrie de gagner de l'argent en profitant des mouvements de défense de l'environnement »!

Que ne voient-ils pas la nécessité de l'argent pour installer des techniques performantes? Il faut être riche pour équiper les fleuves « d'ascenseurs à poissons » permettant de remonter les barrages de régulation, comme on le fait sur la Loire et l'Allier, afin que les saumons retrouvent leurs zones de frayères. En dix ans, de 1976 à 1986, il en a coûté 110 millions de francs pour faciliter la « résurrection du saumon atlantique ». Il faut pouvoir disposer des 9 milliards de francs que l'industrie canadienne des pâtes et papiers a investi en 1989 pour rendre ses procédés de fabrication plus propres, comme des 20 milliards qu'elle compte investir dans le même but d'ici 1994. La protection de la nature passe en réalité par un surcroît de croissance. L'orgueil et l'aveuglement deviennent obscènes lorsque le refus du progrès de ces repus de la croissance conduit à préconiser un retour en arrière. Veulent-ils nous ramener au 19e siècle où Paris comptait presque deux-tiers d'indigents, ou bien au 18e siècle, où un enfant sur trois mourait avant d'avoir atteint un an, et où la moitié des jeunes n'atteignait pas 20 ans? En jetant l'anathème sur la croissance, les écologistes s'enferment dans une alternative dramatique : l'écocide ou l'homicide.

Heureusement que ce choix est factice, car jamais la croissance n'a entraîné l'épuisement des ressources naturelles. Il s'agit là d'un véritable mythe, l'un des plus constants des thèses écologistes, mais aussi l'un des plus ancrés dans l'opinion. Ce mythe est ancien : en 1908, le président Roosevelt, qui venait de recevoir le prix Nobel de la paix, annonçait déjà aux gouverneurs américains l'épuisement imminent de ces ressources; les réserves de bois ne devaient pas dépasser dix ans, et l'extraction du fer devait être achevée en 1940! Il a retrouvé une seconde jeunesse avec les scénarios du futur établis à partir du modèle de Forrester, un modèle soi-disant économique, respectabilisé par l'estampille du MIT, et qui a servi de rampe de lancement aux idées malthusiennes du Club de Rome. Or, les prévisions de ce modèle reposent sur une énorme farce, qu'aucun économiste digne de ce nom ne peut accepter : le prix des ressources non renouvelables est supposé constant, ce qui permet d'annoncer des consommations exponentielles et l'épuisement des stocks. Une telle hypothèse ignore délibérément le jeu du mécanisme des prix : lorsqu'un produit se raréfie, son prix augmente, et cela d'autant plus qu'il est rare. Cette hausse du prix limite la consommation et peut même l'annuler ; elle suscite en outre l'émergence de produits de substitution, et favorise la découverte ou la production du produit initial. Même dans l'utilisation de l'énergie où les mécanismes d'ajustements opèrent lentement, ces effets de prix ont joué depuis 1973. Le quadruplement du prix du pétrole, un an après la publication de *Halte à la croissance*, a été favorisé par la perception d'une rareté amplifiée par les prédictions de Forrester. Les hausses de prix de l'OPEP ont été ensuite le meilleur garant d'un ralentissement de la consommation, de la découverte de nouveaux gisements (ex. Mer du Nord), comme de la promotion d'énergies de substitution. Sans elles, la France ne produirait sans doute pas les trois-quarts de son énergie électrique à partir de centrales nucléaires, et la voiture électrique n'aurait pas l'avenir prometteur qu'on lui prête.

A ces ajustements pourtant « naturels » par les prix, les écologistes préfèrent les méthodes de rationnement quantitatif à base de quotas, de tickets et de files d'attente. Mais au nom de quoi ? Il est vrai que la consommation d'une ressource non renouvelable est une destruction définitive ; c'est la définition même de toute consommation. Cela ne justifie cependant pas les errements d'une volonté de conservation qui prend de plus en plus l'allure d'une idéologie.

S'agit-il de préserver les générations futures de l'avidité des générations présentes, comme veulent le faire croire de bons esprits ? La logique voudrait dans ce cas qu'aucun montant de ressources non-renouvelables ne soit consommé, car tout montant aussi faible soit-il manquera un jour à nos descendants. De reports en reports, personne n'aurait en fait le droit d'y toucher. S'agit-il d'éviter les gaspillages et de déterminer un niveau « raisonnable » de consommation des ressources naturelles ? L'argument est celui de la théorie du « développement soutenable » mise en avant par le rapport Bruntland et reprise par la plupart des écolo-étatistes. Mais avec un prix libre, il n'y a aucune raison de refuser les préférences des consommateurs révélées par le marché, comme il n'y a pas plus de raison de croire que le marché utilise trop ou trop vite ces ressources, que de croire le contraire. A moins de considérer comme gaspilleurs tous ceux qui consomment ce que l'on ne désire pas consommer soi-même... ce qui est sans doute la seule définition possible tant la notion de gaspillage est éminemment subjective.

Cette critique de l'écologie dirigée n'a de sens a priori que pour les ressources naturelles faisant l'objet d'un marché libre, c'est-à-dire dont la propriété est clairement définie et le prix librement négocié, ce qui est souvent le cas. Pour les autres, à qui la faute si des prix arbitraires ou si les lois existantes ne permettent pas l'existence d'un marché remplissant son rôle d'affectation optimale des ressources ? L'État fixe les prix administrés et dispose du pouvoir de légiférer. Il est le premier responsable de l'épuisement de ces ressources comme le montre l'exemple de l'eau. Les difficultés d'approvisionnement en eau de l'été 1990 ont conduit le ministre de l'Environnement à se distinguer encore, en accusant, à nouveau, les agriculteurs de gaspillage. Il devrait pourtant savoir que le problème n'est pas là. Les surfaces agricoles irriguées ne représentent que 4 % du total des surfaces cultivées, et l'ensemble des agriculteurs ne consomment que 2,9 milliards de mètres cubes sur les 37 milliards consommés par les Français (bien moins de 10 %). En revanche, à elle seule, une entreprise d'État comme EDF consomme presque 18 milliards de mètres cubes, soit la moitié de la consommation totale et six fois plus que ces pauvres agriculteurs ! Mais surtout, le vrai problème est que le gouvernement a bloqué le prix de l'eau depuis dix ans. Il facture aux agriculteurs le mètre cube à cinq centimes, soit un prix ridicule, inférieur de 200 fois au tarif que payent les autres consommateurs privés. De plus, ce dernier tarif de dix francs le mètre cube est lui-même un prix administré, sous-évalué pour cause d'indice des prix, et qui doit être comparé aux 24 francs que payent les Allemands... Par ces blocages du prix de l'eau, le gouvernement de Brice

Lalonde a freiné les investissements et, simultanément, accéléré la consommation. Lui seul est responsable des difficultés actuelles d'approvisionnement.

Le mythe de la responsabilité de la croissance ou de la technique dans l'épuisement des ressources naturelles est enfin d'autant plus erroné qu'il faut admettre l'inverse : la technique crée des ressources naturelles. C'est elle qui permet de valoriser des éléments jusque-là hostiles ou inutiles. Le grisou, ce gaz de mine tristement célèbre, peut ainsi aujourd'hui être récupéré et exploité ; mélangé au méthane pour faire du gaz de ville, il vient réchauffer nos foyers après avoir si longtemps coûté la vie aux mineurs. Que serait le pétrole sans l'invention des moteurs thermiques, sinon le stade ultime et inutile d'une pourriture ? Demain, grâce à de nouveaux procédés de traitement, nos déchets auront peut-être le statut de ressources naturelles. Déjà la France tire

500 000 tonnes équivalent pétrole par an de ses déchets et il serait dès aujourd'hui possible d'en tirer le double. Déjà, nos décharges fournissent 60 % de la nourriture des goélands et des mouettes. Elles permettent de gommer les variations saisonnières, notamment le déficit hivernal en nourriture, qui affectait ces oiseaux. Certaines sont même devenues de véritables réserves animalières, telle la décharge d'Entressen, en plaine de Crau, qui abrite quelques 40 000 goélands et 70 000 mouettes vivant grâce aux déchets de Marseille ! A suivre la logique de l'idéologie de la conversation, il faudrait alors préserver nos ordures pour mieux les transmettre aux générations futures...

Il n'est pas étonnant que les écologistes s'inspirent d'un modèle comme celui de Forrester, qui brille par l'absence d'intégration des régulations de marché. Car, par-delà l'anathème sur la croissance et la technique, c'est l'économie de marché qui est visée. En

1972, le programme commun de la gauche montrait la voie : « la pollution de l'eau et de l'air, la dégradation de la nature et des villes, les embouteillages et le bruit pèsent de plus en plus sur les conditions de vie de la population. Ces phénomènes ne sont pas des fatalités liées au progrès technique, au développement industriel et à l'urbanisation. Le système capitaliste en porte la responsabilité. » Aujourd'hui, malgré les preuves apportées par l'histoire récente en faveur de la liberté économique, le leader des Verts français plaide encore pour un mécanisme de marché « maîtrisé, encadré, placé sous contrôle vigilant », afin de « reprendre la maîtrise collective des relations de production et de consommation. » Les dégradations de l'environnement seraient en effet l'illustration la plus inquiétante des défaillances inhérentes au marché. Ces défaillances ont un nom savant : externalités négatives. Derrière cette appellation complexe, il y a une idée simple : les prix de marché n'intégreraient que les coûts de production monétaires à l'exclusion des coûts sociaux non marchands. L'existence de ces derniers, qui peuvent être des coûts environnementaux, constitue ce que l'on nomme une externalité négative, et explique pourquoi le prix de marché est inférieur à ce qu'il devrait être. Dans ce cas, les consommateurs, pareils à des passagers clandestins, bénéficieraient de produits ou de services sans en payer le « vrai » prix. Il appartiendrait alors à l'État d'intégrer ces coûts non monétaires en corrigeant les prix de marché par des taxes compensatoires ou, mieux encore, d'édicter des réglementations interdisant les processus de fabrication générant ces coûts. Cette logique dirigiste, très en vogue chez les technocrates, mérite cependant d'être nuancée pour au moins deux raisons : la première est que les problèmes d'environnement ne sont pas spécifiques des économies de marché, la seconde est que la notion d'externalités n'est pas dépourvue d'ambiguïtés.

Que la dégradation de l'environnement ne soit pas une caractéristique propre des économies de marché apparaît de plus en plus nettement, au fur et à mesure des informations disponibles sur la situation dans les pays de l'Est. En URSS, les lacs (Baïkal) et les mers intérieures (Caspienne, Aral) sont dans un tel état que même le caviar doit être produit artificiellement ; Tchernobyl n'est que la partie visible d'un iceberg de fuites radioactives et d'accidents nucléaires contre lequel même des populations non informées se révoltent. A Théliabinsk, ville de plus d'un million d'habitants à 1 450 kilomètres à l'Est de Moscou, dans l'Oural, la radioactivité atteint 120 millions de curies, soit deux fois et demie la totalité de celle qui a été dégagée par la catastrophe de Tchernobyl. Théliabinsk est considérée comme « le lieu le plus contaminé du monde » et c'est une ville soviétique. D'après *Komsomolskaïa Pravda*, il existe une autre ville innommée et sinistre, entourée de barbelés, fondée il y a 33 ans et comportant deux cimetières car l'espérance de vie dépasse à peine la trentaine. Cette « ville n° N » est celle où l'Union Soviétique enrichit son uranium... Le délégué soviétique au congrès nucléaire européen (ENC 90) qui s'est tenu à Lyon a reconnu que les « réacteurs à eau pressurisée de première génération ne satisfont pas aux normes de sûreté actuelles. » Seize de ces réacteurs ont été construits, dont dix exportés en Europe de l'Est. Avec la réunification allemande, les experts ouest-allemands ont pu examiner quatre de ces fameux réacteurs installés à Greifswald en ex-RDA : ils ont découvert qu'ils étaient dépourvus d'enceinte de confinement et de système d'injection d'urgence nécessaire pour refroidir le cœur en cas de rupture du circuit primaire ; de plus, la cuve était placée trop près du cœur, subissant une irradiation trop importante, à laquelle l'acier de mauvaise qualité résistait mal. En Pologne, l'eau de la Vistule est parfois si acide qu'elle ne peut être utilisée pour l'irrigation des terres, ni pour les refroidissements industriels parce qu'elle provoque trop de corrosion dans les tuyaux et les réservoirs. Dans la région de Katowice, cœur industriel de la Silésie, les rails sont tellement corrodés par les rejets dans l'atmosphère, que les trains ne peuvent rouler à plus de 55 km/h. A Cracovie, le toit d'or de la chapelle Sigismund de la cathédrale de Walwel, qui avait traversé les siècles depuis le Moyen-Âge, n'a pas résisté à la suppression de l'économie de marché. En Allemagne de l'Est, pour une superficie cinq fois inférieure, les émissions de gaz sulfureux sont quatre fois plus importantes qu'en France. A Budapest, le Danube reçoit chaque jour les eaux non traitées de plus de deux millions d'habitants et la

Tchécoslovaquie a probablement l'une des plus importantes pollutions industrielles au monde. Partout, le constat est le même : dans les pays collectivistes, l'importance des dégâts est sans commune mesure avec celle des pays capitalistes. A croire que le collectivisme est l'externalité négative la plus importante au monde, si tant est que la notion d'externalité est significative.

Or, cette notion, qui fait les beaux jours de l'écolo-étatisme après avoir fait ceux de l'interventionnisme économique, n'a pas en elle-même le pouvoir critique qu'on lui prétend.

Prise dans un sens large où d'aucuns bénéficient d'avantages sans en supporter le coût, l'externalité n'est pas une défaillance du marché mais une simple évidence de la vie en commun et des interdépendances qui l'accompagnent. Nous sommes tous des « passagers clandestins » de quelque chose : d'une amitié, d'une tradition, d'une culture, etc. Prise dans un sens plus étroit, plus économique, les spécialistes savent (au moins depuis les travaux de Ronald Coase sur le sujet), que l'externalité est un phénomène à caractère réciproque : les défenseurs de la nature sont tout autant des « pollueurs » de l'environnement de l'industrie que les industriels des « pollueurs » de l'environnement naturel. Les uns et les autres convoitent une ressource rare pour des fins alternatives et, dans la mesure où chacun est prêt à payer pour l'usage de cette ressource, il n'y a aucune raison pour que l'intérêt des uns l'emporte a priori sur l'intérêt des autres. Vue sous un angle différent, la notion d'externalité conforte bien le principe « pollueur-payeur », mais son caractère de réciprocité ne lui permet pas de désigner sans ambiguïté le payeur.

En outre, et ceci explique cela, l'externalité n'est pas une fatalité technique ou économique, mais la conséquence d'une difficulté d'ordre juridique : l'absence de droits de propriété clairement établis. Les coûts environnementaux ne sont non marchands que lorsque la propriété de l'environnement n'est pas (ou mal) définie. Comment déterminer qui doit payer quoi, quand on ne sait pas qui détient quoi ? A l'inverse, il suffit que le droit précise le propriétaire d'une ressource naturelle, et le coût d'usage par un tiers de cette ressource cesse d'être non marchand. Il est significatif de constater que les domaines de l'environnement où l'analyse en termes d'externalités s'applique le plus, tels que l'air et l'eau, sont justement les domaines où la propriété privée n'a pas été admise. Plus qu'une défaillance du marché, l'externalité est un déficit de droit. Ce constat ne doit pas surprendre, et la remontée des problèmes au niveau juridique découle simplement du fait que le capitalisme ne se limite pas à l'économie de marché, mais se caractérise d'abord et avant tout par des droits de propriété privée. Droits sans lesquels les mécanismes de marché n'ont pas de vertu particulière. La conséquence de ce constat est immédiate : éliminer une externalité (« l'internaliser »), suppose plus qu'une intervention étatique de taxation ou d'interdiction réglementaire, une extension juridique de la propriété privée.

Mais ne rêvons pas ! Parce que le droit de propriété fonde le capitalisme et donne tout son sens à l'économie de marché, il ne faut pas espérer que les écologistes le défendent. Et cela, même s'il est démontré que son extension est un élément primordial dans la recherche de solutions aux problèmes d'environnement. Au contraire, le plus fondateur des droits individuels est sans doute le droit le plus vilipendé par les Verts. L'anathème sur le droit de propriété atteint des sommets d'excommunication aux multiples exemples. Ainsi, pour Michel Serres, le Contrat Naturel doit exclure le droit de propriété qui est « la source culturelle de la pollution ». L'origine de ce droit n'est-elle pas « stercoraire et excrémentielle » ? Comme les animaux, l'homme marquerait sa propriété en « conchiant » les objets qu'il s'approprie ! Le danger « provient de notre exclusive appropriation des choses » car « la propriété se termine en destruction. » Inutile d'être daltonien pour voir le vert et le rouge se confondre ; l'écologisme rejoint là le socialisme, et le dépasse par son rejet absolu de la propriété. Proudhon lui-même n'avait pas osé aller aussi loin dans la condamnation ; il est vrai que son instinct libertaire limitait ses assauts contre la propriété et surtout, le rendait lucide sur la communauté et sa capacité à susciter le parasitisme. Michel Serres a dû oublier ses classiques, car pour lui, le « parasite » n'est pas le passager clandestin d'un monde où la propriété est mal définie, mais le propriétaire lui-même ! Comme il a dû oublier que pollution signifie profanation, viol, agression, et que ce mot n'existe pas sans atteinte à un droit de propriété. Refuser d'analyser la pollution comme un dommage à la propriété d'autrui, à commencer pas la propriété de chacun sur son propre corps, fait perdre tout contenu objectif à cette notion. S'il est possible de se « polluer » soi-même, il devient possible de justifier toute immixion dans la sphère privée de chacun, et de qualifier de pollueurs tous ceux qui font des choses que l'on n'aime pas. L'administration a intérêt à ce flou de la subjectivité qui permet toutes les audaces de la réglementation ; et il n'est pas surprenant que le Directeur de l'Agence pour la Qualité de l'Air (Jean-Philippe Olier) laisse croire « qu'il n'existe aucune définition satisfaisante et précise du terme polluant. »

Cela dit, la pollution étant une atteinte au droit de propriété, il est sûr qu'en supprimant celui-ci comme le suggèrent certains, on supprime celle-là. De la même façon qu'en ôtant la vie d'un malade, on stoppe sa maladie ! La méthode peut paraître efficace, mais il est plus cohérent de sanctionner l'agresseur plutôt que d'éliminer l'agressé. Encore faut-il que le système juridique sanctionne effectivement l'agressé, c'est-à-dire protège le droit de propriété et donc l'environnement. En droit et en vert allant plus souvent de pair qu'on ne l'imagine.

Or, tel n'est plus le cas, les positions anti-propriétaristes ayant commencé à s'imposer à partir du 19e siècle. Auparavant, sous l'Ancien Régime et même sous l'Empire (cf. art. 544 du Code Civil), dans la ligne de la tradition juridique romaine de l'immissio, les problèmes de pollutions étaient traités comme des violations de propriété. Le juge civil gérait ces conflits conformément aux règles dégagées par la jurisprudence, engageant la responsabilité civile des citoyens en cas de plainte de leurs voisins. Puis, dès le milieu du 19e siècle, une double dérive est apparue. D'une part, sous l'influence des idées socialistes, notamment saint-simoniennes, la doctrine des tribunaux a évolué arbitrant, au nom de l'intérêt général, en faveur des intérêts industriels contre les droits individuels. Dans de nombreuses affaires où des compagnies de chemins de fer avaient provoqué des dommages, les juges ont pris de plus en plus fait et cause pour les compagnies au détriment de la protection des propriétés individuelles et au nom des impératifs du développement collectif. L'exemple le plus célèbre est celui de la compagnie *New York Central* qui, ayant provoqué un incendie dévastateur dans la ville de Syracuse, a été dégagée de tout droit à réparation par un tribunal américain... sous prétexte que l'indemnisation aurait provoqué sa mise en faillite ! D'autre part, sous l'influence d'une vision angélique de l'État, conçu comme l'arbitre supérieur des conflits individuels et le détenteur exclusif de l'intérêt général, le juge civil a été progressivement dépossédé de sa gestion des problèmes d'environnement. La loi et le réglement se sont substitués à la tradition et à la jurisprudence, et le droit public au droit civil. Le droit de l'environnement n'est aujourd'hui qu'un droit étatique dans lequel la place du droit civil est infime, celle du droit pénal secondaire mais celle du droit administratif écrasante. Dès lors, le droit de propriété s'efface devant un droit d'opportunité défini par les autorités publiques au gré des circonstances politiques et au vu de considérations bureaucratiques. Analysant l'attitude des tribunaux administratifs et du Conseil d'État en matière d'environnement, le professeur Francis Caballero souligne « une soumission du droit aux intérêts économiques et sociaux, d'où il résulte que les chances de l'environnement sont inversement proportionnelles aux intérêts en jeu. » Pour rester dans l'exemple des chemins de fer, le régime d'indemnisation retenu en France pour cause de TGV illustre parfaitement cette conclusion. L'indemnisation est sous-évaluée à un double point de vue : premièrement parce que le prix payé aux expropriés est calculé sur la valeur « passée » du bien et non sur sa valeur présente, en général plus forte puisqu'il est nécessaire d'en disposer pour réaliser un ouvrage d'intérêt... national ; deuxièmement parce que rien n'est prévu pour le dédommagement des nuisances subies par les riverains non expropriés, c'est-à-dire ceux qui se situent au-delà de 15 mètres du rail ! Comment s'étonner ensuite de la révolte des propriétaires provençaux contre le tracé du TGV Méditerranée, et notamment contre le tracé Aix-Fréjus, dont la rentabilité estimée par la SNCF n'est due qu'au fait de ne pas payer l'intégralité de son coût ! En fait, les atteintes à l'environnement ne sont plus jugées mais administrées par un État de moins en moins impartial. Les textes, comme les polices spéciales, s'additionnent, en même temps que l'État soustrait ses démembrements de l'obligation de respecter les normes et les contrôles. Le plus inquiétant est que ce n'est plus l'agresseur qui est sanctionné, mais uniquement celui qui déroge à la réglementation. Ce n'est plus la pollution qui est visée, mais le non-respect des prescriptions administratives. Si une agression n'est pas reconnue comme telle par le droit public, l'agresseur ne voit plus sa responsabilité civile mise en jeu par l'appareil judiciaire : comment considérer comme un dommage donnant droit à réparation la pollution provenant d'une activité dûment autorisée par l'autorité publique ?

En jetant l'anathème sur le droit de propriété, les écologistes vont à l'encontre de la cause qu'ils prétendent servir. Il en est ainsi pour des raisons simples, qu'Aristote avait déjà signalées il y a plus de deux mille ans : « ce qui appartient à tout un chacun est le plus négligé, car tout individu prend le plus grand soin de ce qui lui appartient en propre, quitte à négliger ce qu'il possède en commun avec autrui. »[1] C'est quand il n'y a pas de propriété que l'environnement se dégrade le plus, et à l'inverse, les procédures d'appropriation garantissent un environnement protégé. Maints exemples étayent cette logique, mais les écologistes n'écoutent pas ceux qui, comme Max Falque ou Henri Lepage en France, s'évertuent à les analyser.

Dès 1968, Garett Hardin détaillait *the tragedy of the commons*, c'est-à-dire la tragique destruction de l'Angleterre rurale médiévale à cause des « vaines pâtures ». Lorsqu'un pâturage est accessible à tous, chaque berger a intérêt à faire paître le plus possible de bétail sur ce territoire commun, d'où un sur-

1. Aristote, *La Politique*, livre II, Chapitre 3.

pâturage dont la ruine est la conséquence finale. La logique de cette tragédie est générale : un bien libre, dont la propriété n'est pas ou mal définie, pas ou mal défendue, conduit chacun à épuiser la ressource qu'il représente avant qu'un autre ne le fasse à sa place. En qualifiant les océans « d'héritage commun de l'humanité », l'ONU se rend-elle compte qu'elle favorise l'épuisement des ressources maritimes ? Le droit des États ne permet pas la constitution, et donc la préservation, d'un patrimoine maritime individuel. Il ne faut pas chercher ailleurs la cause des pillages ni la sous-valorisation de l'extraordinaire potentiel de richesses que représentent les océans. Les baleines risquent de disparaître parce qu'elles n'appartiennent à personne, comme tous les animaux sauvages en voie de disparition. En revanche, aucun animal approprié, domestique ou pas, n'est menacé d'extinction. Ce sont les mêmes cow-boys d'Amérique du Nord qui ont massacré les bisons (biens libres), tout en faisant prospérer leurs troupeaux de vaches (biens appropriés). En France, là où le gibier est considéré comme un *res nullius*, n'appartenant à personne, la capacité cynégétique s'effondre, ce qui n'est pas le cas dans les départements de l'Est ayant conservé le droit allemand, ni dans les chasses privées, où le gibier appartient aux propriétaires fonciers. En dépouillant les petits propriétaires (moins de 20 hectares non clos) de leur droit de propriété sur le gibier, au profit de tous les habitants de la commune, la loi Verdeil de 1964 sur la chasse a amorcé l'enchaînement de la tragédie d'Hardin. Au point qu'il est sérieusement envisagé aujourd'hui, même par les chasseurs, de rétablir les propriétaires dans leur droit, sous la forme maquillée de ce que les spécialistes dénomment le « droit de gîte » ! L'ours des Pyrénées a eu le malheur de cumuler les inconvénients d'une législation de la chasse anti-propriétariste, et de vivre dans des « sanctuaires » communaux ; pour lui aussi, le droit de gîte pourrait être un moyen de sauvetage, comme un moyen de sortir de l'imbroglio politique, bureaucratique et écologique pyrénéen. Même les Corses, par ailleurs si attachés au droit de propriété, sont tombés dans le cycle infernal : en exonérant ses compatriotes des droits de succession pourvu qu'ils restent en indivision, Napoléon n'avait sans doute pas prévu qu'une grande partie du maquis corse deviendrait une vaine pâture. Dès lors, l'opposition aux techniques de brûlis du maquis pour dégager des pâturages n'est pas suffisante, et le mistral aidant, l'île est régulièrement ravagée par des incendies provoqués par les bergers.

De tels exemples négatifs, où l'absence de propriété provoque des problèmes d'environnement pourraient être multipliés ; mais il existe aussi des exemples positifs illustrant le fait que la propriété privée garantit la protection de l'environnement. Ainsi, en Angleterre les cours d'eau sont en général plus propres qu'ailleurs car le droit de pêche est une propriété privée des riverains. Ceux-ci sont naturellement incités à préserver la propreté des cours d'eau et n'hésitent pas à faire appel aux tribunaux pour protéger leurs droits, « leurs » rivières et « leurs » poissons. L'Islande offre un exemple étonnant car très ancien, avec le cas de l'eider. Il s'agit d'un oiseau très recherché pour son duvet (*duum*) utilisé dans la fabrication des édredons (*eiderduum*). Dès 1281, les fermiers islandais ont précisé des droits de propriété sur ces oiseaux, et notamment sur leurs zones de nidification ; ceci les a conduits à lutter contre le braconnage et les prédateurs naturels, à éviter la surexploitation, à développer des nids artificiels et, finalement, à protéger l'espèce toujours prospère.

La culture occidentale n'a pas le privilège de ces réussites :

lorsqu'ils commencèrent à vendre des peaux de castors aux blancs, les indiens Montagnais du Labrador se partagèrent géographiquement la propriété des castors afin d'éviter leur extermination par surexploitation. Les défenseurs des éléphants africains pourraient utilement s'inspirer de ces exemples, au lieu d'interdire bêtement le commerce de l'ivoire. L'Afrique présente d'ailleurs un cas remarquable. Une image satellite de la NASA a mis en évidence en plein désert du Sahel un espace vert de forme pentagonale. Sur le terrain, on découvrit que cet espace n'était rien d'autre qu'un enclos de 100 000 hectares séparé des zones ouvertes aux nomades par une barrière. Dans cet enclos, il y a comme ailleurs du bétail, mais il est divisé en cinq secteurs dont un seul est pâturé chaque année par les propriétaires. La barrière c'est-à-dire la propriété privée, est la seule explication de la différence entre le désert et la vie… Partout, la propriété privée encourage une saine gestion des ressources. Pour maintenir et améliorer la valeur de son capital, le propriétaire n'a pas intérêt à laisser faire n'importe quoi. Les bienfaits de cette évidente logique pourraient même être obtenus là où le manque d'imagination et les intérêts étatiques n'ont pas permis l'instauration de la propriété, comme dans les cas de la mer et de l'air.

Pour les océans, de la même façon qu'est défini un espace aérien, pourquoi ne pas définir un « espace maritime » au lieu de maintenir la « vaine pâture » des eaux internationales ? Comme on refuse des autorisations de pénétration de l'espace aérien, cela permettrait de refuser des autorisations de navigation pour tel ou tel navire dont les structures sont dangereuses ou les pratiques de nettoyage contestables. La discrimination serait facilitée par le progrès technique car il existe aujourd'hui des techniques de marquage des produits pétroliers qui, tels les isotopes radioactifs utilisés en médecine, permettent d'identifier les navires responsables de dégazages pirates. Dans le même sens, des droits de propriété privée peuvent être définis sur les richesses de la mer. On sait par exemple élever des bancs de poissons, et repérer leurs déplacements grâce aux satellites. Pourquoi n'y aurait-il pas des cultivateurs de la mer, propriétaires des bancs de poissons ? L'agriculture marine remplacerait alors avantageusement le pillage des eaux internationales.

Quant à l'air, la pollution atmosphérique et le bruit dont il est le vecteur ne sont dangereux qu'en tant qu'agression physique contre la santé des victimes. L'individu est propriétaire de son corps, et ce droit doit être protégé comme les autres droits fondamentaux. Les limites de l'agression étant reconnues, il est ensuite possible de définir des droits de propriété sur l'usage de l'air, comme le font de plus en plus les État-Unis à partir de techniques variées telles que celles des « bulles atmosphériques », du *netting* (consolidation) ou de *l'offset* (compensation). Dans le premier cas, il s'agit de placer une bulle imaginaire autour d'un établissement industriel existant, dans laquelle et pour lequel est défini un montant global maximum d'émissions nocives. Tout en devant respecter ce maximum global autorisé, la firme est libre d'arbitrer entre ses différentes sources d'émissions, et même de revendre son potentiel non utilisé à d'autres entreprises désireuses de s'installer sous la « bulle ». (Quelques 80 bulles de ce type ont été mises en place aux États-Unis.) La technique du netting permet pour sa part à un établissement existant d'installer de nouvelles sources d'émissions à condition que le supplément de rejets dans l'atmosphère soit compensé par une réduction équivalente de ses anciennes sources d'émissions. Le principe de l'offset est comparable, mais s'applique aux nouvelles entreprises qui souhaitent s'implanter dans des zones saturées. La nouvelle installation est acceptée si le supplément de rejets qu'elle occasionne est compensé par une réduction du volume de rejets d'une autre entreprise située dans la même zone. Cette dernière technique connaît un succès grandissant, l'achat ou la location de « crédits émissions » devenant chose courante. En Californie, se sont créées de véritables bourses de « crédits émissions », animées par des spécialistes de l'échange des droits. L'entrepreneur désireux de s'installer quelque part contacte un agent de change en crédits émissions, lequel échange un lot de crédits démodés ou disponibles de la région choisie contre un nouveau lot. La Standard Oil de l'Ohio a ainsi pu construire un port pétrolier en achetant au préalable les crédits émissions de plusieurs teintureries industrielles. De même, General Motors a construit son usine d'Oklahoma City en rachetant à des industriels locaux les crédits de quatre réservoirs de pétrole brut, et la première usine Wolkswagen aux Etats-Unis a été construite en échange des vapeurs du goudron des routes de Pennsylvanie! Tous ces exemples montrent que, contrairement aux affirmations écologistes, la propriété n'est pas la cause mais la solution des problèmes d'environnement. Tant il est vrai, qu'entre propriété et propreté, il n'y a que la place de mettre un point sur le i.

Malgré ces évidences, l'aveuglement et la partialité des écologistes sont tels qu'il est légitime de se demander s'ils ne préfèrent pas détruire la propriété et les droits individuels plutôt que de protéger la nature. Leur attitude sur la question des transports est à cet égard significative : Haro sur le transport individuel, motus sur le transport collectif. Pauvre automobiliste! Déjà pressuré comme il n'est pas permis par une fiscalité exorbitante, le voilà accusé des pires maux de la Terre. L'attaque contre la propriété individuelle de la voiture, contre la liberté de choisir son mode de déplacement, et finalement contre la liberté de circulation elle-même est générale.

En première ligne se trouve l'étonnant et récent rapport de Michael Renner du *World-Watch Institute* . (En avant-garde, un rapport comparable avait déjà été produit en 1979 par le même institut.) Il y est instamment recommandé aux gouvernements de décourager l'usage de l'automobile au profit des transports collectifs car « la possession de voitures par une petite élite riche gaspille des ressources rares et déséquilibre les priorités du développement »... Tant pis si de nombreux pays du tiers-monde, tels que l'Inde ou le Mexique, tirent des revenus importants de la construction automobile ; tant pis si la liberté de choix du consommateur est bafouée ; tant mieux si les gouvernants sont assez naïfs pour imposer à leurs ressortissants les préférences de Michael Renner.

En deuxième vague, la technocratie. C'est par exemple Olier (le Directeur de l'AQA déjà cité) qui charge la politique californienne des transports : « malheureusement, le choix a été fait de favoriser le transport individuel ; ainsi, le permis de conduire peut être délivré à partir de 16 ans, alors qu'une politique saine aurait été de créer un système moderne de transports en commun à grande vitesse. » Du même, cette fois pour les Français : « une offre supplémentaire de transports collectifs pourra donc être accompagnée d'une réduction symétrique des surfaces ouvertes à l'automobile... toute politique visant l'amélioration de la fluidité est suicidaire. » En clair, ne délivrez plus de permis de conduire, et interdisez aux voitures de rouler !

Les gros bataillons arrivent enfin avec les Dupont et Dupond de l'écologie. C'est d'abord Brice Lalonde qui, du haut de son hélicoptère gouvernemental et d'un hebdo complaisant, lance un « j'accuse » auto-mobilisateur : « Le système automobile devient fou. » Et de tenter de se faire appuyer par le ministère des Finances en proposant des taxes supplémentaires sur le kilomètre parcouru sur autoroute, puis par Monsieur Calvet et l'état-major de Peugeot en suggérant la suspension des importations des véhicules d'origine allemande, enfin par la SNCF en se montrant favorable au développement du rail ! C'est ensuite l'ineffable Waechter, devenu président d'un comité national contre les excès autoroutiers, dont le « délire routier » développe une partialité flagrante. Sont comptés les animaux tués sur les autoroutes, mais pas les vies humaines épargnées ; sont comptés les coûts d'infrastructure, mais pas les impôts des automobilistes. A la partialité s'ajoute l'égotisme le plus suffisant ; son comportement est le bon et la Terre entière doit s'y conformer : « Il faut cesser de valoriser l'individualisme, l'automobile comme valeur de richesse et de bonheur, la vitesse comme critère de puissance de liberté et de modernité. Ma voiture a toujours été une petite cylindrée et je n'ai aucun complexe à me mêler avec ma cinq chevaux populaire aux gros m'as-tu-vu des gens que je côtoie. A Paris, j'emprunte le métro, en province le train ou l'autobus. » Tous au pas Waechter, et en prime, nous aurons droit à « une petite révolution culturelle au bénéfice des transports collectifs » car, évidemment, « l'accroissement de mobilité n'est pas un gain de liberté » !

Pour tous ces anti-mobilistes, l'extermination de la faune sauvage, la pollution atmosphérique, les nuisances phoniques et esthétiques ne sont que prétextes pour combattre l'individuel. Car aucun d'entre eux ne reprend ces arguments contre les transports collectifs. La cicatrice laissée par un TGV est aussi indélébile que celle d'une autoroute, mais les Verts n'ont pas organisé de comité national contre les excès de la SNCF. Quand on demande au ministre de l'environnement ce qu'il pense du TGV Méditerranée, il se déclare en faveur du train et renvoie à la sagesse olympienne du président de la République pour limiter les dégâts ! Son frère siamois non gouvernemental se distingue pour sa part en ne disant mot sur cette question, ce qui est une autre façon de donner son consentement. Ce ne sont pas les écolos qui manifestent en Provence contre les mutilations du TGV, mais des propriétaires qui refusent les indemnisations iniques, l'absence de dédommagement des nuisances imposées aux riverains et la détermination népotique des tracés (évitant les domaines, les bastides et les communes des protégés du pouvoir politique en place). L'argument selon lequel il faut savoir cerner les priorités et concentrer ses forces sur la lutte contre la voiture, plus polluante que le train, est fallacieux. Surtout de la part de groupes qui nous ont habitués à réclamer le degré zéro de pollution. Et si les écologistes ne se mobilisent pas contre le train, en faveur de la bicyclette, c'est sans doute que celle-ci est un moyen de transport individuel !

La collusion entre écologie et transport collectif est patente, et la petite histoire suivante la révèle plus qu'une longue argumentation. La Fédération Rhône-Alpes de Protection de la Nature (FRAPNA), présidée par Jean Sivardière, s'est prononcée en faveur du TGV, s'oppose à l'emprunt des couloirs ferroviaires existants, et réclame la construction de voies nouvelles. La même position a été prise par la Fédération Nationale des Usagers de Transport (FNAUT), qui est en réalité un lobby roulant pour le transport collectif, et dont le secrétaire général est Jean Sivardière. Cette prise de position est totalement conforme à celle du conseil d'administration de la SNCF, dont l'un des membres est Jean Sivardière...

Quand on vise le droit de propriété, c'est toujours l'individu qui est atteint. Les écologistes les plus virulents ne prennent même plus la précaution d'utiliser ce vieux détour du socialisme ; ils visent désormais directement l'individu. Présenté comme une force diabolique dont l'action essentielle est la destruction de la nature, l'homme serait le Prédateur Suprême. La condamnation porte sur l'humanité et sur ce qui constitue sa spécificité : la raison et les relations humaines. L'anathème prend alors une tournure philosophique dont *Le Contrat Naturel* de Michel Serres est l'une des plus brillantes illustrations. Pour comprendre l'antihumanisme de l'écophilosophie, rien de tel que de revenir sur la pensée de cet auteur ; l'exercice est

est délicat mais terriblement révélateur.

A l'origine du meurtre écologique, l'homme. L'homme vivant en société, c'est-à-dire dans un état de droit symbolisé par le Contrat Social. La société serait en effet responsable de cette prétendue « guerre objective » que l'homme mène à la nature. On pourrait penser, puisque guerre il y a, que la force l'emporte sur le droit. Mais non, contrairement à l'évidence qui distingue la force du droit, la guerre est présentée comme un état de droit ; elle supposerait « un contrat préalable qui se confond avec le Contrat Social. » Hobbes doit se retourner dans sa tombe, lui qui avait mis tant de soins à distinguer la brutalité armée de « l'état de nature » précédant le Contrat Social, de la sociabilité juridique de « l'état civil » post-contractuel. Désormais, l'état civil est assimilé à la guerre définie comme la violence (l'état de nature) plus le contrat ! Le clivage hobbésien, fondement du contractualisme, est ainsi déformé, détourné de son sens et, avec lui, la notion de contrat. La raison d'être principale de ce détournement semble être la volonté de conserver la référence guerrière, avec sa charge affective, là où elle n'a que faire. Le progrès conceptuel n'est pas évident, d'autant que comparer le passage de l'état de nature au Contrat Social, à l'exode rural vers les villes, ne constitue pas une forte avancée philosophique ! Reste que dès que l'individu existe en tant que citoyen, c'est-à-dire dès que ses droits fondamentaux sont reconnus, contractuellement, commence la guerre contre la nature.

La science, tout autant que le droit de propriété, est alors désignée comme l'arme du crime. Le savant, et notamment le savant analytique, cartésien, serait responsable de la décomposition, en autant de poubelles qu'il se peut, de la nature. Voilà Descartes réduit au rang de pollueur ! L'anti-cartésianisme primaire était déjà un thème cher à certains partisans de la théorie des systèmes, il est maintenant repris par les défenseurs des éco-systèmes. Cela fait plus mode que la critique de la science bourgeoise d'un Lyssenko, mais c'est de la même veine et tout aussi contestable. Le *Discours de la méthode* comporte une phase de réduction analytique et une phase de reconstruction des parties du tout. Mutiler ce discours en oubliant la seconde phase pour le dénoncer comme trop réducteur, est une ficelle trop grosse pour être acceptée. D'autant que les (éco-)systémistes n'ont jamais rien trouvé. L'approche systémique n'est, au mieux, qu'une grille de lecture particulière d'acquis analytiques. Privilégier la grille au détriment des acquis, vouloir forcer le rôle de cette approche, conduit aux errements du Club de Rome ou du Worldwatch Institute. Seul l'esprit de système y gagne.

Après Descartes, c'est Karl Popper, l'un des penseurs les plus éminents de notre temps qui est implicitement dénoncé. Ce savant de la science, cet épistémologue, est célèbre, entre autres, pour avoir proposé de ne retenir comme scientifiques que des propositions falsifiables (ou réfutables). Critère redoutable, qui éliminerait du champ scientifique la plupart des affirmations écologistes... Pour Michel Serres, « l'épistémologie n'existe pas », et le principe de falsification est assimilé au droit de propriété... agricole, ce qui sous la plume de l'auteur est une véritable infamie ! Une nouvelle source culturelle de la pollution nous est ainsi montrée du doigt, et *La Logique de la Découverte Scientifique* rejoint le *Discours de la Méthode* dans les poubelles de l'Histoire des sciences.

Comprenez donc : être cartésien et poppérien conduit à remettre en cause l'effet de serre, impensable ! Poppériser ou paupériser, notre éco-philosophe a choisi. La paupérisation de sa pensée atteint cependant son point ultime lorsque, dans un élan paranoïaque, toutes les sciences sociales sont mises au banc des accusés avant d'être mises au ban de l'écologie. Dénoncées au nom de la délation que suppose l'information nécessaire pour étudier les relations humaines. Ces sciences molles n'auraient « de méthode et de finalités que policières » ! En fait, l'anathème sur les sciences sociales qui étudient les rapports des hommes entre eux, a pour but de protéger l'écologie conçue comme l'étude des rapports des hommes avec les choses qui les environnent. Conception réifiée et anachronique des problèmes d'environnement qui méritent mieux : par exemple l'étude des rapports des hommes entre eux quant à l'usage des choses qui les environnent. En ce qui concerne leur aspect policier, il est vrai que les sciences sociales ont des finalités éthiques et sont à la recherche de règles qu'il convient de respecter. Mais, c'est justement là leur intérêt et leur noblesse. Il leur appartient de nous révéler l'éthique qui doit permettre de faire face à l'éventuelle fragilité du monde, une éthique sans laquelle Créon s'imposerait à Antigone, comme le droit public s'imposerait aux droits individuels. En condamnant les sciences de l'homme après avoir condamné l'homme lui-même, l'éco-philosophie rejette délibérément cette recherche d'éthique. Sans doute pour permettre à l'écologiste de mieux jouer les Créon. Au bout de l'anathème, apparaît l'oppression.

III. L'OPPRESSION

De dramatisations en violences verbales, de mises en gardes prophétiques en excommunications, les écologistes n'ont de cesse d'affaiblir notre lucidité pour mieux imposer leurs préférences. Derrière les constats artificiels, se dessine le « Contrat Naturel ». Une absurdité conceptuelle, puisqu'il s'agirait d'un accord entre les hommes d'un côté, et une Terre douée de volition imaginaire de l'autre. Le parallèle avec le Contrat Social, lui-même virtuel, abstrait et tacite, n'est pas suffisant pour échapper à l'absurde. Si les théories du Contrat Social sont très diverses et peuvent légitimer aussi bien des systèmes de liberté (Locke, Buchanan) que des systèmes liberticides (Hobbes, Rousseau), elles retiennent toutes des co-contractants qui, même abstraits, sont des êtres dotés de volonté. Quelle est la volonté de la nature ? En quel langage s'exprime-t-elle ? Qui fait office d'interprète ? Le subterfuge est trop facile de lui faire dire ce que l'on a envie qu'elle dise... et l'envie des écologistes est trop souvent d'ajouter à l'aveuglement des faibles la violence des puissants. En un mot, l'oppression. La nature est substituée à la société comme argument des ennemis de la liberté. Un néo-rousseauisme encore plus tyrannique que celui de la volonté générale, car les termes du Contrat Naturel proposent un « dénouement » à la pseudo-crise écologique dont les axes de solutions sont les solutions de l'Axe : totalitaires. Loin d'être un contrat, il s'agit d'un diktat tel que l'individu ne peut échapper au supplice qu'en essuyant l'outrage.

La logique salvatrice de l'écologisme n'est pas inédite. Les concepts comme les enchaînements sont bien connus. Pierre de touche, une valeur première, la Justice sociale, extraite du brouet égalitaire. A l'analyse de Michel Serres, pour lequel le combat permanent en faveur de l'égalité entre les hommes doit se doubler d'un combat pour la justice entre la nature et les hommes, fait écho la profession de foi du Parti Vert : « l'écologie est une philosophie du partage. » L'éthique partageuse est l'éthique suprême du Contrat Naturel. On retrouve là le mythe fondateur de tous les socialismes : il fonde aussi l'écologisme. « Justice » ? Le mot est pris dans son acception égalitariste, alors qu'une situation juste est, avant tout, une situation obtenue à partir du respect de règles du jeu bien définies, identiques pour tous. Non, pour l'écolo-socialisme, il ne s'agit pas d'une justice de règle permettant l'égalité des chances, mais d'une justice de résultat conduisant à l'égalité des choses. Celle-là même « qui menace le plus gravement la plupart des autres valeurs d'une civilisation de liberté » (Hayek). Car, privilégier une norme de résultat revient à décréter souhaitable un certain ordre du monde. Cet ordre doit être construit, puisque les actions et interactions spontanées des individus ne sont pas censées le déterminer. Or, ce constructivisme, consubstantiel à l'égalitarisme, suppose des processus coercitifs portant atteinte à l'autonomie des volontés et aux droits individuels.

L'effacement de l'individu est inscrit dans les fins, mais l'est aussi dans les moyens. L'égalitarisme de l'éthique a, en effet, comme pendant le globalisme des pratiques. Puisque l'individu est contesté d'entrée de jeu, inutile de l'introduire dans la méthode d'analyse. Négateur des individualités, le globalisme est devenu la référence instrumentale préférée des constructivistes. C'est aussi celle des écologistes, pour lesquels, aujourd'hui, la seule approche valable est l'approche globale. D'un Michel (Serres) à l'autre (Barnier), « la nature globale entre dans l'histoire » et « les problèmes sont globaux par nature ». « Penser globalement et agir localement » est le nouveau slogan des moins virulents. Mais comprenons bien : il ne s'agit pas seulement de s'intéresser au tout, mais d'approcher les choses en totalité. Si le tout est appréhendé à partir de ses composantes, la démarche est rejetée parce que trop analytique, trop cartésienne. Fi de l'analyse, « Le Contrat naturel nous amène à considérer le point de vue du monde dans sa totalité. »[1] Un point de vue de cosmonautes, chargés de nous convaincre de la modernité de la démarche.

Le globalisme rejoint ici le holisme qui prétend découvrir les lois qui gouvernent des objets globalisés, en observant leur évolution en tant qu'ensembles, sans tenir compte de leurs composantes.

1. Michel Serres, *op. cit.*, p 72.

Dans les cas les plus graves, l'erreur holiste consiste à doter artificiellement le global d'une volonté imaginaire, comme les écologistes le font avec la Terre. Comme le fait Nicolas Hulot, justifiant le lancement de sa fondation Ushuaïa par la nécessité de respecter la « souveraineté » de la nature. Les économistes connaissent bien ce travers qui, pour paraphraser Polanyi, conduit à dire : « La France a rasé ce matin 20 millions de mentons. » Mais la « logique de la liberté » est étrangère à nos tyrans en herbe. Ils adhèrent plutôt à celle de Platon : pour que le monde sensible ressemble à l'Idée qu'ils ont de la nature, la seule solution est le recours à un despote platonicien. Cet accoucheur de l'Idée de nature ne peut être qu'un politique, comme si seule la politique pouvait éviter le chaos. Certes, Michel Serres suggère le recours à un politicien « new-style » ; un homme qui ne doit plus s'appuyer sur les sciences sociales (vouées aux gémonies), mais sur la physique (vouée à l'hégémonie), un « physiopolitique ». Le changement de style ne change pourtant rien quant au fond. Un nouveau guide nous est désigné, type X section P' (peut-être Jacques Attali si proche de notre éco-philosophe ?), et cet hybride de Science (physique) et de Pouvoir (politique) doit être à l'écologie ce que Roosevelt était au *New Deal*.

Plus qu'une révérence envers la politique, cette attitude des écologistes fait de la politique une référence. A l'heure où la société civile apparaît comme garante des espaces de liberté, ils préfèrent être les gérants du monopole de la coercition. En ce sens, ils n'ont rien de libertaires, même de gauche, car ils n'aspirent pas à réduire l'appareil d'État, mais à le séduire. Leur préférence pour le tout politique, alliée à leur volonté d'accéder au pouvoir, explique que leurs comportements soient de plus en plus politiciens. Le capital de sympathie doit se transformer en capital électoral, les associations en partis, les actions en projets de société, et l'écologie en système politique. Avec tous les travers de la politique politicienne : les ambitions et les divisions, les débauchages et les alliances, les petites phrases et les grands programmes.

Le cas français est exemplaire. « Les Verts » désigne désormais une véritable formation politique, avec un leader, des adhérents, une Assemblée générale et un Conseil national. Une formation dont l'objectif est nettement affiché : tenter de former un groupe à l'Assemblée nationale, et cogérer les affaires du pays quelle qu'en soit la nature. Leur chef n'a-t-il pas fait savoir qu'il envisage d'entrer au gouvernement après les prochaines législatives, et que tous les ministères peuvent être pris en charge par son mouvement ? Dupond a parlé, mais Dupont, déjà au gouvernement, lui fait écho en voulant « mettre l'écologie aux postes de commande », et en lançant « Génération Écologie » définie comme un courant de la majorité présidentielle, au même titre que le PS ! Dupond se fâche de cette concurrence inamicale, et accuse ce nouveau parti de n'être là que pour rabattre des voix vers les socialistes dans une élection à deux tours ; ce à quoi Dupont répond que « les Verts s'intéressent davantage à la politique politicienne qu'à l'écologie », remarque juste mais surprenante de la part de quelqu'un qui a lui-même assigné à son propre parti des objectifs électoraux plus politiciens qu'écologiques, tels que « faire barrage au Front National », et « soutenir les défenseurs de la démocratie et de la solidarité ». Comme si l'Hôpital se moquait de la Charité… Face à cet élargissement des enjeux, Dupond surenchérit en prenant des positions pacifistes contre le service militaire, en s'opposant à la présence militaire française dans le Golfe, en défendant la proposition soviétique d'une maison commune européenne, ou encore en réclamant une redistribution des pouvoirs au sein de l'ONU, à l'avantage des pays du tiers-monde. Toutes propositions éminemment liées aux problèmes d'environnement, comme il se doit ! Il est vrai qu'il faut être d'un esprit étroit pour ne pas comprendre que la protection de la nature passe par le soutien sans condition à l'OLP et la critique systématique d'Israël.

Cela dit, au delà de leurs apparentes querelles d'arrière-boutique, Antoine Waechter et Brice Lalonde ont le même fond de commerce. La différenciation des emballages n'empêche pas l'homogénéité du produit ; pour l'un comme pour l'autre, les crises écologiques ont les mêmes racines que les crises économiques et sociales : l'individualisme et le capitalisme. Et donc, seul un projet global de société, un projet politique, pourra les résoudre. Avec un tel produit, il n'est pas étonnant que la clientèle soit fortement teintée de collectivisme. Analysant récemment l'électorat écologiste, Laurence Parisot, PDG de l'IFOP en fait la troisième gauche de l'échiquier politique français. Déjà en 1980, une étude révélait que 84 % des électeurs écologistes se déclaraient favorables à un gouvernement socialiste ou social-démocrate. Dix ans plus tard, il en est toujours de même. Les valeurs défendues par ces électeurs sont largement de gauche, et sur un certain nombre de mots-clés tels que « Islam » ou « argent », ils expriment des positions plus à gauche que celles des sympathisants socialistes. Antoine Waechter « colle » à cet électorat lorsqu'il décide d'être le seul homme politique à se montrer au dernier congrès de SOS Racisme, comme Dominique Voguet, porte-parole national des Verts, lorsqu'il estime dans un article du *Monde* que sur nombre de sujets les Verts sont à la gauche de la gauche. Cette troisième gauche, plus protestataire que prolétaire, capitalise les voix d'une petite bourgeoisie mal dans ses baskets, dont le positionnement social ne correspond pas à ses attentes déterminées par un niveau scolaire élevé. Il serait faux de croire qu'elle correspond aux préoccupations même environnementales de la plupart des Français. La dernière enquête du CRÉDOC sur *Les Français et l'environnement* (1990) montre que dans l'échelle des menaces, nos concitoyens ne placent l'environnement qu'en huitième place, après les maladies graves, la violence, l'insécurité, le chômage, la drogue, les accidents de transports et la pauvreté. De plus, les Français perçoivent les problèmes liés à l'environnement moins à travers le prisme de la sensibilité à la nature qu'à travers celui de la santé : 53 % d'entre eux donnent la priorité à la pollution de l'air et de l'eau, et seulement 20 % à l'épuisement des ressources naturelles. Ces résultats choquent nos écologistes, et la conclusion de l'enquête tombe comme un couperet : « nos concitoyens n'évaluent pas immédiatement les risques du futur. Ils ont une position individualiste, axée sur le présent, au détriment d'une réflexion sur le bien-être collectif, orientée vers une construction de l'avenir ! » A croire que seuls les initiés peuvent éviter le délit contre la nature...

L'écologie politique n'est malheureusement pas l'apanage des seuls Verts. Si l'écologiste se fait politicien pour imposer ses vues, le politicien veut se faire écologiste pour augmenter ses voix. De Laurent Fabius qui exhorte le Parti Socialiste à devenir le premier parti écologique, aux leaders de la Droite qui disent oui à l'écologie croyant ainsi mieux dire non aux écologistes, la course aux programmes attrape-Verts ne manque pas de participants. Cette tentative de récupération (mais qui récupère qui ?) du discours écologiste par des partis politiques n'est pas surprenante. Elle n'est pas surprenante de la part de partis de Gauche, étant donné la proximité idéologique du socialisme et de l'écologisme. De la part des partis de Droite, elle ne surprendra que ceux qui confondent encore Droite et défense des droits individuels. Or, non seulement il existe une Droite séduite par le mythe du « retour à la Terre », qui allie un anticapitalisme primaire à un panthéisme primitif, une Droite nostalgique des veillées d'armes au soir des solstices d'été, mais encore les hommes politiques de Droite sont trop souvent, comme ceux de Gauche, des hommes de l'État, avant d'être des hommes d'État. C'est-à-dire des hommes qui pensent par et pour l'État, et dont les tentations dirigistes trouvent un nouveau mode d'expression avec les thèmes écologiques. Certes, il y a des exceptions, mais elles sont rares et se comptent sur les doigts d'une main. C'est un Vendéen s'opposant à la tribune de l'Assemblée Nationale au Plan Vert de Brice Lalonde parce que « plan conçu par la puissance publique pour la puissance publique », alors que « l'écologie administrée a échoué » ; c'est un jeune député européen défendant dans les colonnes d'un quotidien la propriété privée comme moyen de protection de l'environnement ; c'est un ancien ministre essayant d'orienter la réflexion sur les questions d'environnement vers des solutions de liberté. Et c'est... quasiment tout ! Ces trois mousquetaires (qui peuvent être quatre) tentent bien d'éviter le piège étatiste des écologistes, mais même dans leur camp, les hommes de l'État, spadassins cardinalices, sont les plus nombreux. Dès lors, il n'est pas surprenant de voir des politiciens de Droite, et non des moindres, défendre des positions que les Verts pourraient d'autant mieux appliquer qu'ils en sont, en réalité, les véritables instigateurs.

L'exemple le plus flagrant est constitué par les « cent propositions pour une nouvelle politique de l'environnement », conclusions du rapport de Michel Barnier. Un monument d'écolo-étatisme dont la section II s'intitule « le renforcement du rôle de l'État », et dont la « grande ambition » comporte un article 5 symbolique. Il s'agit de définir un délit de pollution visant : « *quiconque commet, directement ou indirectement, par imprudence, négligence ou dans un but lucratif, en l'absence d'autorisation administrative motivée et dûment remplie, une action ayant pour effet soit de modifier de manière substantielle ou irréversible l'équilibre écologique, soit de porter atteinte directement à la santé de l'homme ou aux possibilités de vie animale et végétale en provoquant une altération essentielle du sol, de l'eau ou de l'air.* » Ne riez pas, vous risqueriez d'être pris d'une envie pressante susceptible de porter atteinte aux possibilités de vie animale et végétale, pour laquelle, faute d'autorisation administrative motivée et dûment remplie, vous seriez condamné !

L'OPPRESSION

La subversion écologique fait ainsi des ravages dans la classe politique, même à droite, et cela parce que sa logique flatte le constructivisme des hommes de l'État de quelque bord qu'ils soient. Au moment où ce constructivisme a montré ses limites, l'écologie relance la machine, apparaît comme l'alibi séduisant d'une nouvelle extension démesurée des droits de l'État sur l'individu, « l'habit vert d'un nouveau dirigisme ». Le rejet de la gestion patrimoniale privée de l'environnement conduit au projet d'une gestion administrative publique. Une véritable nationalisation (étatisation) de l'environnement, où la propriété publique se substitue à la propriété privée, la réglementation à la régulation par les prix, la police verte à la responsabilité civile. Avec, en point d'orgue, un puissant ministère gonflé de crédits, de personnels, et de missions « d'intérêt général ». Comme s'il suffisait de dire « donnez-moi plus de fonctionnaires, et je vous donnerai un meilleur environnement. » Comme si l'intérêt général n'était pas qu'un moyen de jeter le soupçon sur les intérêts particuliers. « L'intérêt général, tout simplement, ça n'existe pas. C'est une idéologie, une image motrice, une apparence, un jeu de mots [qui] permet de refouler toutes les prétentions individuelles, tous les particularismes, toutes les oppositions », écrit Jacques Ellul[1]. Pareil à tous ceux qui ne font pas confiance aux actions et interactions individuelles, l'écologiste s'abrite derrière cette fiction et utilise l'État pour imposer ses préférences aux autres. Une élégante mais hypocrite façon de se faire plaisir en demandant aux autres de payer. Le recours à la politique n'est alors qu'un moyen de faire prévaloir la subjectivité de sa foi en la parant de l'autorité de la loi. La fiction de la volonté générale s'ajoute à celle de l'intérêt général pour soumettre

1. In *Combat Nature*, n° 66, novembre 1984.

l'individu à une collectivisation oppressive, à des interventions publiques dont la caractéristique est de remplacer l'accord contractuel unanime par la contrainte d'une solution imposée.

Or, ce n'est pas parce que la loi a l'onction de la démocratie ou de la majorité qu'elle peut tout se permettre. La loi n'est pas le Droit, et un corps législatif ne peut valablement porter atteinte aux droits fondamentaux des individus comme le proposent trop souvent les éco-politiciens. Aucune Assemblée ne peut avoir reçu délégation pour cela, tout simplement parce qu'« aucun homme ne peut déléguer ou donner à autrui un droit de domination sur lui-même ; car cela reviendrait à se donner en esclave. »[1]

Une telle délégation serait absurde et sans valeur, et son absurdité fonde d'ailleurs le droit de résistance à l'oppression. En

1. Lysander Spooner, *Lettre à Thomas Bayard*, 1882 ; voir aussi du même auteur *Outrage à chefs d'État*, Les Belles Lettres, collection « Iconoclastes », 1991.

outre, la règle majoritaire ne valide aucunement l'invasion législative. La formule d'André Laignel, « vous avez juridiquement tort parce que vous êtes politiquement minoritaire » n'est pas acceptable dans un État de Droit. Un État où, au contraire et par définition, il doit être possible d'avoir juridiquement raison sans être politiquement majoritaire. Même votée à la majorité, la tyrannie de la loi que l'écologie est en train de mettre en place grâce à la subversion de la politique, n'est qu'une perversion de la démocratie. La protection de la nature ne doit pas faire perdre le sens premier de la démocratie qui est de permettre la protection des minorités, à commencer par la plus réduite d'entre elles, l'individu.

D'autant qu'en privilégiant l'État contre l'individu, les écologistes ne rendent même pas service à l'environnement. En la matière, non seulement l'État ne règle rien, mais encore il aggrave les problèmes : le soi-disant protecteur est le plus grand prédateur. S'il protège, c'est à la manière d'un proxénète, pour mieux asservir et pour mieux se servir. La débâcle environnementale des pays de l'Est devrait à elle seule rendre méfiant sur la pertinence du recours à l'État, mais les écologistes ne veulent pas voir que Tchernobyl est plus un accident étatique qu'un accident nucléaire. Après nous avoir trompés sur l'état de nature, ils se trompent sur la nature de l'État. Ils ignorent l'exemple de l'Est comme ils ignorent l'incohérence et l'irrationalité des processus de décision bureaucratiques et politiques. L'analyse des solutions qu'ils préconisent et qu'ils ont fait adopter ne laisse pourtant planer aucun doute sur les effets pervers de ces processus ; elle laisse en revanche une sensation oppressante, de cette oppression qui accompagne les cauchemars.

Un premier thème, conséquence de l'anathème lancé contre la propriété privée, est celui de la propriété publique. L'État se voit de plus en plus confié la garde d'un espace par définition limité, au nom de la protection de la nature. En France, l'appropriation publique à finalité écologique s'est développée à partir de la notion « d'espaces naturels protégés ». Parcs nationaux, réserves naturelles, forêts publiques, mais aussi acquisitions du Conservatoire du littoral, sites classés, zones dites ND des plans d'occupation des sols et acquisitions dans les périmètres sensibles, constituent ce que les écolocrates appellent des « protections fortes » alors qu'il ne s'agit le plus souvent que de fortes spoliations. Dans le bilan annuel (1990) de l'écologie d'État (*L'état de l'Environnement*, publié par le Ministère du même nom), ces « protections fortes » sont présentées comme rien de moins que la « condition du développement durable et même de la survie de notre civilisation » ! En dix ans, de 1978 à 1988, les surfaces étatisées par ces seules « protections fortes » ont plus que doublé, passant de 41 000 à 89 000 km², soit de 7,5 % à 16,3 % du territoire métropolitain. A ce rythme, il ne faudrait que trois générations pour voir les 550 000 km² de l'espace français appartenir, sous une forme ou sous une autre, à l'État. Et cela, sans compter les « protections plus faibles » des collectivités locales, telles que les parcs naturels régionaux, les espaces naturels sensibles des départements ou les classements communaux, qui prennent une place grandissante avec la décentralisation. Cette collectivisation rampante des espaces nationaux est un phénomène qui se retrouve partout où les Verts sont influents. Même aux États-Unis, le gouvernement fédéral est aujourd'hui propriétaire d'environ un tiers de la surface totale du pays, dont l'essentiel est composé de terrains de parcours et de forêts. Là aussi, des administrations telles que le Bureau de Gestion des Terres, le

Bureau de Récupération des Terres ou l'Office des Forêts, ont pour mission d'étendre et de gérer la propriété foncière de l'État fédéral.

Et pourtant, cette extension étatique tend plus à dégrader l'environnement qu'à le protéger, car la propriété publique n'est pas une véritable propriété. Les hommes de l'État chargés de gérer ces ressources n'ont pas d'indicateurs pertinents ; ils ne peuvent ni les valoriser sur un marché, ni tirer profit de leur gestion, ni être sanctionnés en cas de perte de valeur. Leur responsabilité réelle n'est pas engagée, et ils sont condamnés à une gestion administrative soumise à l'arbitraire de la bureaucratie ou à l'opportunisme de la politique. L'argument du long terme, si souvent invoqué pour justifier l'appropriation étatique, n'est pas recevable quand on sait que l'horizon du décideur ultime, l'homme politique, s'arrête à celui des prochaines élections.

L'exemple des parcs nationaux,

illustre « à merveille », les limites de la propriété publique. En France, la vallée des Merveilles (Mercantour) a été déclarée, après un combat de vingt ans des écologistes, parc national en 1979. Mais sa protection est moins assurée aujourd'hui qu'elle ne l'était avec des propriétaires privés. Désormais ouverte au grand public, cette vallée connaît un trafic incessant de voitures et de randonneurs et subit de graves dégradations affectant la faune, la flore ainsi que les gravures laissées sur les rochers par les premiers hommes, et qui ont fait sa réputation. Ces gravures qui ont traversé les millénaires, ne résistent pas à la propriété d'État, sont arrachées au burin par les visiteurs et remplacées par des inscriptions de haute valeur artistique du type « Vive Mai 68, à bas la culture! » Les dégâts sont tels qu'il a fallu envisager la fermeture du parc au public, faute de pouvoir entretenir une armée de gardes, jusqu'à ce qu'un original propose d'instaurer des visites... payantes, solution qui vient d'être adoptée. Cette solution, tout à l'avantage des merveilles restantes, aurait sans doute été découverte plus rapidement si le parc n'avait pas été approprié par l'État. Cette histoire du Mercantour se retrouve, à des degrés divers, dans tous les parcs nationaux qui ne peuvent supporter un tourisme de masse provoqué par une apparente gratuité. La même histoire a été vécue aux États-Unis, où les parcs nationaux américains sont dans un état de plus en plus déplorable, avec toutefois des conséquences plus dramatiques car des considérations électoralistes plus vives ont empêché l'adoption de la soi-disant « sélection par l'argent ». (Alors qu'il s'agit simplement de faire payer le plaisir de la visite à ceux qui en éprouvent le besoin, au lieu d'en faire supporter le coût aux autres.) Résultat, mis en évidence par R. Stroup et J. Baden : Le plus grand parc national américain, celui de Yellowstone, a été amputé de moitié par d'immenses feux de forêts.

Cette leçon n'a pas servi au Conservatoire du littoral français qui, pour les mêmes causes a subi les mêmes effets. Cet organisme d'État, très discret, est chargé depuis quinze ans d'assurer la protection du littoral et des rivages lacustres à travers l'acquisition de sites. Tout en restant ouverts au public, ces sites ne peuvent être ni revendus ni urbanisés. Il possède aujourd'hui quelques 35 000 hectares répartis sur près de 280 sites, et pourrait bientôt accroître ses espaces en bénéficiant de dations de terrains en paiement de droits de succession (il n'y a pas de petits profits...). Propriétaire de 450 km de côtes, soit 8 % du littoral français, le Conservatoire a voulu participer, avec d'autres collectivités publiques, à l'appropriation des calanques de Marseille. Aussitôt dit, aussitôt fait. Aussitôt fait, aussitôt brûlées! De responsabilités enchevêtrées en luttes d'influence, le Conservatoire du littoral et les autres organismes publics n'ont jamais pu se mettre d'accord pour protéger les calanques qui ont fini par être dévastées par les feux de l'été 1990 ! Même au bord de l'eau, la propriété d'État est incapable d'assurer la protection contre les incendies de son patrimoine... au point qu'une société privée (Thalgo-Cosmetic) a décidé d'aider sans contrepartie (en versant un franc sur chacun de ses produits vendus pendant un an), au reboisement du massif de La Gaillarde dans le Var, détruit par un incendie et dont plus de la moitié (266 hectares) est propriété du Conservatoire ! Ce qui n'empêche pas le budget de cet organisme de croître, malgré la période de restrictions budgétaires, de plus de 10 % par an pour dépasser aujourd'hui les 80 millions de francs.

Un argent provenant de l'impôt, et qu'il vaudrait mieux laisser entre les mains des particuliers pour qu'ils organisent eux-mêmes la protection des espaces. Car, plus que la propriété commune, c'est la propriété d'État qui accroît les problèmes qu'elle est censée résoudre. Des associations privées ont montré qu'une gestion patrimoniale organisée en commun de grands espaces était d'une protection plus efficace pour l'environnement qu'une gestion politico-administrative. Ainsi, dans le nord de l'État du Maine, aux confins du Québec et du Nouveau Brunswick, vingt propriétaires ont constitué la *North Main Wood Association*, association à but non lucratif chargée d'organiser l'accès au public d'une forêt de plus d'un million d'hectares, soit une superficie équivalente à celle des Alpes-de-Haute-Provence et du Vaucluse réunis. Auparavant, l'accès à cet immense espace était traditionnellement libre, avec son cortège de désolations : incendies, insécurité, ordures, etc. Depuis, l'association à établi un droit de péage pour les visiteurs, d'autant mieux accepté que la recette est affectée à la gestion du milieu. Avec ces sommes, plus celles résultant de l'exploitation forestière, elle a mis sur pied des emplacements de camping, le ramassage des ordures, l'édition de guides ainsi qu'un programme d'information environnemental du public. Au total, des services rendus aux visiteurs et une qualité de l'environnement meilleurs que ceux des parcs nationaux... sans qu'il en coûte un sou aux contribuables ! Bien d'autres cas pourraient être cités, comme celui du *Nature Conservancy*, une organisation privée qui opère dans le monde entier et possède des millions d'hectares acquis, parce que fragiles et exposés, afin d'être protégés par une gestion patrimoniale. Celle-ci permet d'ailleurs de cumuler la protection des espaces et une activité lucrative, à l'image de l'action du plus important propriétaire terrien des États-Unis, L'*International Paper Company*, dont les exploitations forestières sont un modèle de préservation sylvestre. Mais c'est sans doute trop demander aux écologistes, pour lesquels il est immoral de gagner de l'argent en protégeant la nature ; ils préfèrent croire la protéger avec d'autres moyens de règlement.

Au-delà de la propriété publique, le recours aux règlements d'État est en effet l'autre outil privilégié des écolo-étatistes, un outil plus particulièrement employé pour lutter contre les pollutions. A leur décharge (!), il faut reconnaître que cette pratique est ancienne et générale. Les régimes de pouvoir absolu ont de tout temps pratiqué les interdictions et les réglementations à usage écologique. En 1306, oubliant sans doute l'adoption de la Magna Carta, Edouard Ier d'Angleterre interdisait l'usage de certains charbons dans les foyers industriels, et en 1322, Charles IV prenait un édit interdisant à Paris les fumées mal odorantes et nauséabondes ! Presque 700 ans plus tard, l'ensemble de la planète croule sous quelques 300 traités multilatéraux,

900 traités bilatéraux et près de 30 000 lois qui concernent l'environnement. En France, 140 lois et plus de 800 décrets attendent d'être renforcés par les textes que ne manquera pas de prendre un grand ministère de l'environnement, sans compter ceux que suscite l'eurocratie bruxelloise. On peut se faire une idée de ce qui nous attend, au vu de la montagne de règlements édictés aux États-Unis par l'Environnemental Policy Agency (EPA) dotée de 12 000 fonctionnaires et d'un budget de presque 5 milliards de dollars. Prohibitions de produits, obligations de recyclages, contrôles directs sur les techniques de production, respects de normes détaillées, interdictions et obligations diverses s'accumulent pour enserrer l'individu dans une cote de maille plus étouffante que protectrice. « L'enfer Vert » n'est pas celui que l'on croit, mais cet inextricable maquis de textes dont le détail n'a d'égal que l'étendue. Vouloir encore que nul ne soit

censé ignorer la loi face à un tel foisonnement n'est qu'une oppression de plus, de surcroît inutile. Car, si les États réglementent beaucoup, ils protègent peu. Saint-Just savait déjà que « la prolixité de la correspondance et des ordres du gouvernement est une marque de son inertie » ; en matière d'environnement, cette formule forte est encore en dessous de la vérité car ce n'est pas seulement l'inertie qu'engendre l'excès de réglementation mais aussi l'aggravation des situations que l'on cherche à maîtriser.

Excès de réglementation il y a, tant sur le plan quantitatif que sur le plan qualitatif : trop de règlements et des règlements trop sévères. Cela parce que l'appareil politico-administratif se berce d'illusions entretenues par les écologistes, et se masque les réalités de son propre fonctionnement. Illusion que la réglementation est la meilleure méthode de protection de l'environnement. A force de croire que la pollution est une défaillance du marché, on ne voit la solution que dans les contrôles de l'État. Illusion que la réglementation est sans coût, du moins sans coûts autres que ceux supportés par les pollueurs, et donc que les autres individus ont tout à y gagner. Illusion encore que les réglements sont faciles à établir, une fois les objectifs déterminés, et qu'ils permettent de les atteindre sans difficulté. Réalité en revanche que la bureaucratie tire son pouvoir des règlements qu'elle édicte et qu'elle est chargée de faire respecter. Réalité que la décision de réglementer peut dépendre de l'action de groupes de pression (« lobbying ») et déboucher sur l'adoption de règlements (ou de dérogations) créateurs de privilèges. Réalité qu'il est difficile de revenir sur des règlements adoptés, même si la technologie évolue, et que le statu quo est la colonne vertébrale d'une administration qui ne veut pas se désavouer. Réalité encore que les fonctionnaires sont conduits à produire des règlements plus sévères que nécessaires, ne serait-ce que parce que leur carrière est fondée sur la technique du parapluie. Le mode de production bureaucratique rejoint là l'idéologie écologiste dans sa préférence pour le « risque zéro ».

Cette préférence est absurde pour l'individu, mais conforme à la logique des hommes de l'État, qui est une logique de l'absurde. Dénonçant cette absurdité du « risque zéro », R. Stroup décrit ainsi certaines réglementations américaines : « Vous n'avez même pas à causer des dommages ni même à faire courir un risque à quiconque, car les normes sont tout à fait hypothétiques. Dans le cas des carcinogènes, par exemple, il y a infraction quand quelqu'un est exposé à un produit chimique qui lui ferait courir un risque significatif si son niveau d'exposition s'était maintenu durant toute sa vie. Pour les toxines reproductives, l'infraction se produit dès lors que la substance chimique aurait fait courir un risque significatif à celui qui y aurait été exposé sa vie durant à un niveau 1 000 fois supérieur à ce qu'il a en fait subi. » Dans le même ordre d'idée, n'est-il pas abusif de qualifier de cancérigène pour l'homme, et donc de lui interdire, des substances chimiques testées en maxi-doses sur des mini-mammifères tels que des rats ou des souris ?

D'autant que l'élimination de tout facteur-risque élimine aussi tout facteur-chance. Ainsi, en France, pour éliminer les risques d'intoxication, le bismuth est interdit sous toutes ses formes. Il y a quelques années, une société pharmaceutique a demandé l'autorisation de mise sur le marché d'un sel de bismuth utile dans le traitement des ulcères, et qui n'a jamais été impliqué dans une intoxication. Dans le monde entier, ce sous-nitrate de bismuth traite des millions d'ulcères sans aucun accident, et même « Le Petit Larousse illustré » reconnaît ses bienfaits ! Mais personne dans l'administration française n'a encore osé signer l'autorisation demandée, comme si le bismuth n'était toxique qu'en France. Pour des inconvénients mineurs voire insignifiants et hypothétiques, la thèse du « risque zéro » conduit à interdire des produits aux avantages bien réels en terme d'espérance de vie, de productivité ou de plaisir. Outre le manque à gagner, elle peut même produire des inconvénients majeurs comme dans le cas de l'interdiction du DDT, lequel a été remplacé par des pesticides encore plus dangereux pour l'homme. Au Sri Lanka, comme l'observe R. Stroup, l'élimination du DDT dans les années 60 s'est traduite par une augmentation des cas de malaria qui sont passés de 110 cas en 1961 à 2,5 millions de cas en 1969 !

D'une façon plus générale, l'absurdité d'une réglementation tendant à la recherche systématique du « risque zéro », résulte du refus qu'elle traduit de mettre en balance les coûts et les avantages de la réglementation. Pourtant, ces coûts atteignent des sommets vertigineux. Au cours des deux dernières décennies le contribuable américain a dépensé plus de 56 milliards de dollars pour entretenir la machine à réglementer qu'est l'EPA ; et pour se conformer à ses règles, la dépense du secteur privé pour la seule année 1988 est estimée à plus de 100 milliards de dollars. Et si, comme Edouard 1er, il faut pour réduire le smog provoquer des faillites d'entreprises et des pertes d'emploi, il se peut que même en coûtant cher, et du seul point de vue de la santé publique, la réglementation engendre plus de mal que de bien.

Le refus de comparer les coûts et les avantages des interdictions, des normes et des contrôles administratifs n'est pas innocent, il correspond à l'impossibilité dans laquelle se trouvent les hommes de l'État de faire des évaluations correctes, c'est-à-dire des évaluations conformes aux préférences des agents. Ces préférences sont par nature subjectives et doivent être exprimées, révélées, pour que leur quantification monétaire (par exemple un coût) soit valable. Or, en substituant les règlements aux prix, les hommes de l'État se privent du moyen de révélation des préférences individuelles que constitue le marché. Leurs évaluations ne traduisent plus la subjectivité des préférences des individus, mais la seule subjectivité des décideurs politico-administratifs.

De plus, la réglementation étatique, étant le plus souvent globale et générale, ne peut discriminer selon les situations locales. Or, notamment en matière de pollution, les considérations de lieux sont souvent déterminantes pour apprécier les choses. Quand bien même les évaluations seraient non monétaires mais uniquement physiques, elles doivent être situées. Les rejets de gaz d'échappement posent plus de problèmes à la ville qu'à la campagne, mais une réglementation globale de la « voiture propre » ne peut distinguer le rat des villes du rat des champs. Cette inadaptation est telle qu'elle est même parfois dénoncée par les services déconcentrés de l'État chargés de faire respecter les règles et les normes établies dans les bureaux parisiens ou bruxellois. Analysant le processus sociologique de mise en œuvre de la législation, Simon Charbonneau s'étonne que les représentants des services des installations classées osent critiquer les décisions centrales : pour la préfecture de Bordeaux, « visiblement les normes sont trop contraignantes et irréalistes », pour la DRIR de la même ville « l'élaboration des normes s'est faite en dépit du bon sens », pour la DRIR de Grenoble « la norme européenne est mal conçue », etc. Remarques qui conduisent notre auteur à douter du « sens de la justice » de ceux qui les font, et à préconiser un renforcement des pouvoirs du centre dogmatique pour qu'il puisse imposer ses vues à une périphérie jugée trop pragmatique ! Un degré de plus dans l'oppression, qui ne fera qu'aggraver l'inadaptation de la réglementation globale. Si réglementation il doit y avoir, encore faudrait-il qu'elle soit décentralisée pour mieux tenir compte de la diversité des situations locales et tenter ainsi de se rapprocher des préférences individuelles. Là, comme ailleurs, l'application du principe de subsidiarité, énonçant qu'il ne faut pas confier à une institution d'un niveau d'organisation supérieur une fonction qui peut être remplie par une institution de rang inférieur, pourrait permettre une moins grande inefficience.

Car, globale ou décentralisée, attachée au risque zéro ou pas, la réglementation écolo-étatique est encore loin de pouvoir atteindre ses objectifs affichés de protection de l'environnement. Elle atteint plus facilement les objectifs cachés des groupes de pression qui poussent à son adoption pour se créer, au nom des bons sentiments, des rentes de situation. Le dernier exemple en date est remarquable. Depuis quelques mois, une campagne écolo se développe en Amérique du Nord contre les couches-culottes jetables qui ont pourtant sensiblement simplifié la vie des parents. 1,8 milliard de ces couches sont utilisées annuellement aux États-Unis, et presque autant au Canada, ce qui représenterait 2,5 % du volume des décharges de ces pays. La croissance prévisible de la consommation conduit à annoncer que d'ici cinq ans, le tiers des décharges américaines serait saturé en partie à cause des couches-culottes jetées. La situation a été présentée de façon tellement alarmante que l'on envisage sérieusement le retour de la couche lavable en coton. Cela permettrait d'éviter la saturation des décharges, tout en freinant la déforestation puisque les couches jetables sont à base de fibres papier ! L'argument a si bien porté, que le gouverneur de l'État du Vermont (USA) annonce l'interdiction pure et simple de la vente des couches jetables sur son territoire d'ici le 1er juillet 1993 ; et la Colombie britannique (Canada) envisage, en application du principe « pollueur-payeur », d'établir une taxe spéciale sur ces couches. Dans le même temps, on apprend que la firme américaine « Babykins » avait mis au point une couche-culotte en coton lavable, et qu'elle essaie depuis de s'emparer du marché des couches avec ce nouveau produit à l'aide d'une stratégie de dévalorisation des couches jetables ! Innocemment relayée par les écologistes, cette stratégie donne des résultats qui dépassent les espérances les plus folles des managers de Babykins...

Lorsque la réglementation n'est pas manipulée par un *lobbying* industriel, mais n'est que le résultat du lobby écologiste, l'efficience environnementale n'est pas garantie pour autant. La bureaucratie est trop lourde, trop complexe et trop hétérogène pour qu'il n'y ait pas de dérapages entre les intentions et les réalisations. En France, la multiplication des « polices spéciales » (déchets, urbanisme, études d'impact, installations classées, pollutions atmosphériques, bruits, etc.) tisse un enchevêtrement de règlements qui ne se combinent pas entre eux et peuvent même se contredire.

Ainsi, il n'est pas possible d'apprécier dans son ensemble l'incidence sur l'environnement qu'aurait l'installation d'une centrale nucléaire, tant les procedures sont multiples et cloisonnées. Une première étude d'impact intervient lors de la déclaration initiale d'utilité publique, mais il n'est pas possible, à ce stade, de discuter de l'impact sur les eaux des rejets radioactifs liquides, ni de l'impact sur l'environnement du tracé des lignes électriques. Celle-ci ne pourra intervenir qu'au moment de la déclaration d'utilité publique des tracés de lignes, et celle-là lorsque seront pris les arrêtés autorisant les rejets radioactifs liquides. Or l'une et l'autre ne sont généralement connues qu'une fois la centrale achevée ! Ce qui est vrai pour les centrales nucléaires l'est aussi pour le reste. Les études d'impact qui devaient apprécier les incidences sur l'environnement d'un projet et en corriger les effets néfastes, ne servent pas à grand-chose. L'étude des incidences n'est le plus souvent qu'une justification a posteriori du projet, et les corrections proposées se ramènent généralement à l'implantation de quelques arbres supplémentaires. La même inefficience se retrouve dans les autres domaines « spéciaux ». Dans la plupart des cas, et par le jeu des dérogations que l'Administration se réserve, les autorisations de « police spéciale » se limitent, en définitive, à entériner le seuil d'acceptabilité de la réglementation. Une réglementation dont le seul résultat est alors l'existence de nouvelles polices.

Mais l'oppression écolo-réglementaire n'est pas toujours neutre à l'égard de l'environnement ; elle peut aussi lui être défavorable. Souvent parce que, opprimant l'individu, elle suscite de sa part des réactions de défense aux effets pervers. Comme dans le cas des zones classées inconstructibles qui, au mépris des propriétés privées, cherchent à protéger des espaces boisés mais aboutissent à susciter des incendies volontaires pour compenser les pertes de valeur patrimoniale provoquées par le classement. Un classement du type « X », véritable pornographie de la protection pour voyeurs de la nature sans amour des hommes, et aux conséquences dégradantes. Comme dans le cas des obligations de protection collectivisée contre les grands risques et les catastrophes naturelles qui encouragent les installations dans les zones les plus sensibles ! Les États-Unis avaient ainsi une législation rendant obligatoire l'assurance par le gouvernement fédéral contre les risques d'inondation et de tempête côtière. Jusqu'au jour où les Américains se sont aperçus qu'elle incitait à bâtir dans les zones à risques puisque les gens se savaient couverts face à toute éventualité ; pire encore, les constructions se développaient dans les zones inondables des grands fleuves et sur les côtes des îles, là où la faune et la flore étaient particulièrement sensibles. A peu près en même temps que les États-Unis abrogeaient cette législation, la France en adoptait une semblable ! La loi de 1983 généralise en effet l'obligation de paiement de primes d'assurance supplémentaires contre les catastrophes naturelles. Ces primes obligatoires, qui sont au passage un excellent moyen pour les compagnies d'assurance d'augmenter leurs réserves déjà considérables, alimentent un fonds de catastrophes naturelles chargé de couvrir tout le monde, avec les effets pervers que l'on peut prévoir. Des effets tellement prévisibles, qu'une nouvelle réglementation, les Plans d'Exposition aux Risques (PER), a dû être mise en place pour les prévenir en prolongeant une spirale bureaucratique auto-entretenue et de plus en plus contraignante.

Il n'y a pas que la réaction provoquée des individus pour expliquer les effets pervers sur l'environnement de la réglementation ; celle-ci peut être néfaste en soi et conduire à des situations paradoxales. On sait par exemple que l'une des causes d'émissions industrielles de mercure est la fabrication de ces petites piles boutons qui fournissent l'énergie nécessaire au fonctionnement de nos montres à quartz, calculettes, et autres instruments électroniques. Les Français jettent 40 à 45 tonnes par an de ces piles-boutons, représentant 8 tonnes de mercure. Une idée simple (trop simple ?) a consisté à organiser le ramassage des dites piles afin de les retraiter. Depuis 1987, et grâce à l'initiative d'un entrepreneur privé, 20 tonnes de piles étaient récupérées par an, dont les deux-tiers retraités dans une usine conçue à cet effet et unique en son genre. Mais la seule usine française de retraitement des piles au mercure a été fermée par l'administration, en application d'un règlement sur la pollution! Les avantages environnementaux du retraitement des piles, quoique plus importants que les inconvénients du non respect du règlement, n'ont pas empêché la décision administrative de fermeture. Autre exemple paradoxal : il existe une limitation de la vitesse des bateaux sur les rivières, dont le but est d'éviter que les vagues provoquées par les hélices immergées ne détériorent les berges. Mais cette réglementation n'a pas prévu l'invention des hydroglisseurs, bateaux à fond plat propulsés par un moteur d'avion et qui, même à grande vitesse, ne produisent pas la moindre vague. Or, les hydroglisseurs sont soumis à la même limitation que les bateaux traditionnels ce qui bloque leur développement, et explique pourquoi la France est en retard par rapport aux autres pays dans ce domaine, alors même qu'ils pourraient rendre plus de services pour moins d'atteintes au milieu ! Ces exemples illustrent les travers essentiels de la régulation par la réglementation publique qui sont autant de raisons de son infériorité par rapport à une régulation par les prix : elle est aveugle et ne permet pas d'ordonner les choix, parce que à l'inverse du marché, elle ne révèle pas les préférences ; elle est statique et n'incite pas à réduire les dangers, parce que à l'inverse du marché, elle ne stimule pas l'adoption de nouvelles mesures susceptibles d'améliorer la situation ; elle est bornée et confond infraction et protection, parce que à l'inverse du marché, elle ne fait pas appel au dialogue mais à la répression.

Cela dit, la réglementation n'est pas seule en cause. Les effets pervers de l'intervention de l'État ne se limitent pas à ceux du règlement. Avec d'autres méthodes, l'intrusion de la puissance publique dans la gestion des ressources environnementales produit les mêmes effets : l'État aggrave ce qu'il veut guérir. Max Falque, un connaisseur en la matière puisqu'il est un ancien du Canal de Provence, raconte comment cette société d'économie mixte, contrôlée par la puissance publique, a favorisé le développement des constructions dans l'arrière-pays méditerranéen en remplaçant les vieux réseaux à ciel ouvert de distribution d'eau par l'installation de canalisations sous pression. Au départ, l'intention paraissait bonne, puisqu'il s'agissait de protéger l'espace provençal, notamment agricole, par une meilleure irrigation ; à l'arrivée, les résultats sont contraires à l'objectif recherché. Les rares zones de verdure favorisées par les canaux ouverts ont disparu, et sont apparues les zones de lotissement. Les décideurs politiques locaux de ce

« succès », le « trio infernal » Deferre, Phillibert, Soldani, n'en ont pas moins bénéficié des retombées financières et clientélistes de la promotion immobilière... En Vendée, la politique de remembrement provoque la disparition du célèbre paysage bocager, et cette fois ce sont les fonctionnaires qui en bénéficient puisque la rémunération des ingénieurs de la DDA (Direction Départementale de l'Agriculture) dépend du nombre de haies rasées, de rivières reprofilées, d'arbres arrachés ou de chemin comblés... Sans doute à cause de leur irrédentisme ancestral, les Vendéens et les Provençaux ont connu plus que d'autres la poigne bien intentionnée de l'appareil politico-administratif, mais personne n'échappe à la faillite de la gestion des déchets due à une collectivisation abusive. Le préfet Poubelle est peut être entré dans l'histoire en 1875, mais cent ans plus tard, la loi-cadre de 1975 confiant aux communes la responsabilité de la collecte et du traitement des ordures ménagères ne permet toujours pas aux gens d'être responsables de leurs déchets. En déresponsabilisant les individus, et en confiant la gestion aux politiques, cette loi conduit à des situations aussi inacceptables que celle de Marseille où une mafia du traitement des ordures, protégée de la concurrence, utilise des techniques dépassées et transforme la Crau en un arbre de Noël de sacs plastiques. La France est le pays développé où la gestion des déchets est la plus incohérente, alors que le Français ne jette que 327 kgs par an, pour 449 pour le Hollandais, 635 pour le Canadien et 744 pour l'Américain !

Le niveau de la décision publique, qu'il soit local, national ou international, ne change pas la nature des problèmes. Nicholas Wade explique comment, dans le cas du Sahel, les interventions des États et des organismes internationaux ont transformé une pénurie d'eau en désertification. Elles décidèrent en effet un programme de forage de milliers de puits (d'un coût d'un million de francs chacun), mais ces nouveaux points d'eau ont perturbé le système traditionnel de pâturage des nomades. Tous les troupeaux ont alors convergé vers les puits, ravageant les pâturages avoisinants par piétinement, et chaque puits est devenu le centre d'une zone désertique de 30 à 40 km^2 !

Le recours à l'étatisme international présente les mêmes défauts que le recours à l'État-nation. Car il est tout aussi constructiviste et autant, sinon plus, éloigné des réalités du terrain, c'est-à-dire des préférences des individus. Les directives de la CEE valent bien les règlements des États et conduisent même à renforcer les pouvoirs étatiques. Plus d'une centaine de ces directives couvre presque tous les domaines de l'environnement, et chaque fois, le recours à des autorités publiques est mentionné. La volonté d'harmonisation aggrave encore la situation par une uniformisation des normes inadaptée aux spécificités locales. Les chasseurs du Sud-Ouest de la France en savent quelque chose, même si leur prélèvement sur les populations d'oiseaux est de loin inférieur à celui des chats et autres carnassiers non assujettis. Il serait faux de penser, comme voudrait le faire croire les tenants d'une « politique communautaire de l'environnement », que les travers des États-nations peuvent être sublimés par des organisations publiques supranationales. Celles-ci produisent, au minimum, les mêmes contre-performances que ceux-là, parce qu'elles reposent sur les mêmes processus politico-bureaucratiques.

Ces effets pervers de l'ordre écolo-étatiste ne devraient pas surprendre. Ils ne sont que la variante verte de la logique générale des effets pervers de l'ordre social décodée depuis longtemps par des auteurs tels que Raymond Boudon. Que les écologistes ignorent cette logique n'est qu'une preuve de leur encrassement intellectuel. Mais qu'ils ignorent que l'État, auquel ils prétendent confier la protection de la nature, est le plus grand prédateur qui soit, est une preuve de leur mauvaise foi. La contrainte sur l'individu prime pour eux l'atteinte à la nature, au point de proposer de confier au renard la garde des poules.

Car enfin, les plus graves dommages environnementaux sont bien le fait des États. Si Tchernobyl est un accident de l'État soviétique, la plus importante marée noire de l'Histoire, celle du Golfe persique, est aussi imputable à un État. L'inefficacité explosive de la bureaucratie communiste, comme le « terrorisme écologique » de la dictature irakienne ne sont que les conséquences d'un étatisme extrême. Mais il ne faut pas croire que seuls les États totalitaires sont concernés. En France, le plus grand fauteur de bruit, avec ses trains à grande vitesse, ses avions supersoniques et ses sifflets d'agents de police spéciale, c'est l'État. Le plus grand destructeur de paysages, avec ses HLM staliniennes, ses lignes électriques aériennes, ses voies ferrées ou autoroutières, c'est l'État. Le plus grand massacreur d'oiseaux (après les chats...) avec 6 millions par an de victimes piégées dans les poteaux acier de l'administration des P et T, c'est l'État. Le plus grand émetteur de radio-activité et le plus grand générateur de risques nucléaires, c'est l'État. Le plus grand consommateur à titre gratuit d'air pur et d'eau douce, via les complexes pétro-chimiques et sidérurgiques nationalisés comme via le fonctionnement des centrales électriques d'EDF, c'est l'État. Le plus grand envahisseur de la propriété privée, c'est-à-dire le plus grand pollueur, qui peut détourner la loi pour justifier ses agressions, c'est l'État. Le renard libre dans le poulailler, c'est lui, car il est le seul à pouvoir disposer de la contrainte et de la violence. Et c'est à ce grand prédateur que les écologistes confient la nature ! Si l'État doit intervenir en matière d'environnement, avant de s'occuper de la paille qu'il croit voir dans l'œil des individus, il ferait mieux d'ôter la poutre du sien, et de commencer par donner le bon exemple. En matière de Res Publica, comme le rappelait Montesquieu à propos de l'Empire Romain, « il y a de mauvais exemples qui sont pires que des crimes. » S'abriter derrière la Raison d'État pour les justifier et continuer à imposer aux autres ce qu'il ne s'impose pas à lui-même, n'est qu'un mensonge de plus dans la longue liste de ceux proférés par l'écologisme. Il conduit à réaliser la pire des oppressions, celle qui ajoute l'hypocrisie à la tyrannie.

ECO... LOGUE

Sous couvert d'amour de la nature, c'est toujours la même vieille haine de l'individu qui anime les écologistes. La trilogie imposture-anathème-oppression ne leur est pas propre, et caractérise sous des formes et à des degrés divers tous les ennemis de l'individu. Poussés dans leurs retranchements, les plus logiques d'entre les Verts retrouvent même l'utopie révolutionnaire de la « création d'un homme nouveau ». Changer l'homme pour conserver la nature, tel est le programme éducatif qui, joint au tout politique, peut déboucher sur les cauchemars totalitaires d'un Pol Pot. Certes, la Révolution Verte n'en est qu'à ses débuts, et la superficialité des enseignements écologiques n'a pas encore l'efficacité sanguinaire de la pédagogie des Khmers Rouges. Mais 1793 n'est pas loin de 1789, et si l'histoire ne se répète pas à l'identique, elle peut suivre une spirale à la Vito. Il est d'autant plus inquiétant de constater la similitude des stigmates de l'écologiste et de ceux de la pensée et de l'action d'un Marat : une fausse science, des condamnations exaltées de tout ce qui n'est pas sans-culotte, et un jacobinisme oppresseur. Si le rédacteur de l'Ami du Peuple vivait aujourd'hui, il serait sans doute au service de l'écologisme : cela lui permettrait encore de condamner à mort pour apprendre à vivre.

Mettre l'individu à genoux, au sens figuré comme au sens propre, est la pensée ultime de l'écologiste pour lequel la Terre est l'Etre Suprême. Non seulement l'homme doit être confiné à la fonction strictement négative de ne pas toucher à la nature, mais encore il doit s'incliner devant la déesse Terre à laquelle seul « le grand Pan, ce démon de la globalité » peut l'initier. Loin d'être le plus anodin, ce dernier article du *Contrat naturel* est le plus léonin et en révèle toute la perversité. Il faut voir jusqu'où est poussée la soumission à ce Panthéisme réhabilité : jusqu'à laisser éclater une joie sadique de vivre un tremblement de terre afin de pouvoir offrir des sacrifices humains en pâture au Dieu dévorant ! Un Dieu qu'il convient d'autant plus de craindre, que de la crainte de l'opprimé dépendra le pouvoir de l'oppresseur.

De telles extrémités sont l'aboutissement logique d'une écologie qui, en déifiant la Terre, dévoile sa nature mystique et dérive vers une écolâtrie obscurantiste. Un obscurantisme d'avant l'âge des Lumières, où l'appel à la superstition remplace l'appel à la raison, grâce à des écologistes qui renouvellent la « trahison des clercs ». Même ce vieil anglais, par ailleurs original comme tout vieil anglais qui se respecte, qu'est James Lovelock n'a pas résisté à cette écolâtrie d'un autre âge. Bien qu'ayant peu de considération pour l'écologisme primaire, il n'en fait pas moins de la Terre un être vivant aux tendances homéostatiques qu'il appelle Gaïa, du nom de la divinité grecque personnifiant la planète. Holisme, providentialisme et obscurantisme se rejoignent dans cette métaphore mythologique qui nous ramène trois mille ans en arrière. Pour être moins superficielle que d'autres thèses écologistes, la théorie de Gaïa est tout aussi dangereuse pour l'individu. Elle enferme celui-ci dans un déterminisme planificateur que le maître Lovelock et ses disciples sont les seuls à ordonner. Le regain de la superstition annonce le retour du pouvoir des mages et de leurs obsessions. A l'image de ce gourou sibérien, Igor Tcharkovski, dont la mystique biologico-marine fondée sur la déification des dauphins conduit à faire naître le petit d'homme dans des conditions dites naturelles, mais simplement inhumaines.

A suivre les cauchemars et les utopies des gourous écologistes, le risque est grand d'une régression archaïque ramenant la civilisation au stade tribal. Le refus du progrès et de l'individu, comme le recours à Gaïa, conduisent à l'enfermement des sociétés closes. C'est-à-dire des sociétés situées à l'opposé de la société ouverte chère à Popper où la volonté de l'individu peut librement s'exercer dans un univers de raison. L'action menée par Dennis Banks est à cet égard hautement significative. « Par amour pour la Terre, être vivant comme chacun d'entre nous, notre mère à tous qui souffre », cet indien Chippewas parcourt le monde accompagné de quelques dizaines de ses « frères » issus de différentes tribus d'Amérique du Nord. Cette « course pour la Terre et la vie » les a conduits notamment en France, où leur passage s'est traduit, entre autres, par une cérémonie religieuse traditionnelle devant l'usine de retraitement de déchets nucléaires de la Hague

« pour appeler à l'aide le Grand Esprit » ! Mais Dennis Banks n'est pas seulement écologiste, il est aussi cofondateur du Mouvement indien américain, et lui au moins a compris l'étroitesse des liens entre écologisme et tribalisme...

L'hystérie irrationnelle des écologistes, de régressions en oppressions, de pacifisme bêlant en obscurantisme patent, menace de réinventer la civilisation du « Serpent à plumes ». Une civilisation d'indigènes assujettis à une planification intégrale, soumis au dieu Soleil ou à la déesse Terre exigeant leurs quotas de vies humaines, et incapables de résister au moindre contact extérieur. Contre ces barbaries à visage écologique, la rébellion de l'individu est une condition de survie.

La Campane, janvier 1991

TABLE DES MATIÈRES

Ce volume,
le cinquième
de la collection « Iconoclastes »
publiée aux Editions Les Belles Lettres
a été achevé d'imprimer
par l'Imprimerie Paillart
à Abbeville
en mars 1991.

N° d'éditeur : 2832
N° d'imprimeur : 7934
Dépôt légal : mars 1991

[illegible]
[illegible]
de la collection [illegible]
publié aux Éditions Les Belles Lettres
[illegible]
[illegible]
[illegible]
[illegible]

L'éditeur est fier d'avoir fait abattre quelques arbres centenaires pour offrir au lecteur quatre pages blanches et inutiles.

M. D.